Z 33021

Dijon
1800-1803
Bacon, François
Œuvres

janvier   Tome 13

Z.2410
E-13.

33019

ŒUVRES
DE
FRANÇOIS BACON,
CHANCELIER D'ANGLETERRE.
TOME TREIZIÈME.

A PARIS,

CHEZ ANT. AUG. RENOUARD, LIBRAIRE,
RUE ANDRÉ-DES-ARCS, n°. 42.

OEUVRES

DE

FRANÇOIS BACON,

CHANCELIER D'ANGLETERRE,

TRADUITES PAR Ant. LASALLE;

Avec des notes critiques, historiques et littéraires.

TOME TREIZIÈME.

A DIJON,

DE L'IMPRIMERIE DE L. N. FRANTIN.

AN XI DE LA RÉPUBLIQUE FRANÇAISE.

HISTOIRE
DE HENRI VII,
ROI D'ANGLETERRE.

Richard III, ci-devant *duc de Glocester*, fut roi de fait; mais il mérita, par son usurpation et ses cruautés, la qualification de *tyran*, qui en effet lui a été donnée d'un consentement unanime, jusqu'à nos jours. Enfin, par la vengeance divine qui favorisa l'expédition d'un prince exilé, l'usurpateur fut défait et tué dans la bataille de *Bosworth*; il eut pour successeur le *comte de Richemond*, qui, à son avénement au trône, prit le nom de *Henri VII*. Ce prince, immédiatement après sa victoire, fidèle aux principes qu'il avoit reçus d'une mère pieuse, et assez porté de lui-même aux actes de religion, fit chanter solemnellement le *Te Deum*, en présence de toute son armée, et sur le champ de bataille même ; puis aux bruyantes acclamations de toute cette armée, il fut salué roi, par une sorte d'*élection militaire,* et en quelque manière reconnu pour tel : à peu près dans le même temps, le corps de *Richard* fut enseveli sans appareil : ce monstre n'eut pour toute oraison funèbre que les reproches et les insultes que le peuple n'épargne guère aux tyrans en pareille circonstance ; car, quoique le roi, par un sentiment de générosité qui lui étoit naturel, eût recommandé aux religieux du couvent de *Leicester* de lui donner une sépulture honorable, ces moines qui, malgré leur état, n'étoient pas entièrement exempts des passions du vulgaire, négligèrent cet ordre ; conduite toutefois qui ne fut point blâmée, la nation entière jugeant qu'on ne pouvoit noter d'une trop grande infamie la mémoire d'un homme odieux, qui avoit tué de ses propres mains *Henri VI,* prince d'un excellent naturel, causé la mort du *duc de Clarence,* son frère, et fait égorger ses propres neveux, tous deux encore dans la fleur de l'âge, et dont l'un étoit actuellement son souverain légitime, l'autre le devant être après la mort du premier; qui enfin avoit mis le comble à ces crimes, en empoisonnant son épouse, pour contracter un mariage incestueux avec sa propre nièce; car, quoique distingué par ses talens militaires, il eût soutenu l'honneur de la nation angloise, et établi de très sages loix pour le soulagement du peuple, cependant on jugeoit que ces services mêmes et ces qualités éclatantes ne pouvoient balancer ses parricides et ses autres crimes; les vertus et les talens de cet usurpateur n'en imposoient point aux plus éclairés, qui les regardoient plutôt comme une affectation et un vernis dont il couvroit son ambition, que comme des qualités naturelles ou réellement acquises. Ceux qui pénétroient plus profondément dans les replis de son cœur, comparant ses premières actions avec les dernières, se rappelloient que dès le temps d'*Édouard IV*, son frère, il avoit manœuvré sourdement pour le rendre odieux et décréditer son gouvernement. Il prévoyoit, par une sorte d'instinct prophétique, que ce prince, qui se livroit à toutes sortes d'excès, ne pouvant fournir une longue carrière, laisseroit des enfans en bas âge, et que lui-même alors, d'un poste aussi éminent que celui de *protecteur*, joint au titre de premier prince du sang, n'auroit plus qu'un pas à faire pour s'élever jusqu'au trône. C'étoit à cette même ambition voilée par la plus profonde dissimulation, qu'on attribuoit la conduite qu'il avoit tenue, soit dans le temps où le traité entre *Edouard* et *Louis XI*, roi de France, avoit été conclu, soit dans l'entrevue des deux rois à *Péquigny*, où il fut ratifié; car, dans ces deux occasions, ainsi que dans une infinité d'autres, il s'étoit opposé à la paix, et avoit affecté de s'attacher toujours au parti le plus glorieux, afin d'augmenter sa propre réputation aux dépens de celle du roi son frère, et de fixer sur lui-même les regards de la nation, sur-tout ceux de la noblesse et des gens de guerre ; affectant une conduite et une manière de vivre tout opposée à celle de son frère ; afin que ce prince, qui s'étoit déja décrédité par ses excès et sa mésalliance, parût plus occupé de ses plaisirs que de ses devoirs, peu sensible à l'honneur, et indigne de la couronne. Quant à ces loix salutaires qui avoient été établies sous sa domination, on les regardoit comme autant de pièges et d'amorces que le tyran avoit employés pour surprendre la faveur de la multitude, et s'affermir sur le trône en faisant oublier son usurpation ; attendu qu'il ne pouvoit se dissimuler que le plus fort lien de l'affection et de l'obéissance des sujets, savoir, un véritable droit au trône, et le titre de roi légitime, lui manquoit absolument.

Henri, à son avénement, et au moment même où la couronne lui fut déférée, se trouva dans une situation très embarrassante, et comme assiégé de difficultés d'autant plus inquiétantes, que se présentant au commencement d'un règne, elles ne lui laissoient pas le temps de délibérer, et qu'il falloit prendre son parti sur-le-champ. Il pouvoit fonder *ses droits au trône* sur *trois titres* différens qui se réunissoient, ou sembloient se réunir en sa personne; le premier étoit celui d'*Élizabeth* (fille d'*Édouard IV*, prédécesseur de *Richard III*), qu'il avoit solemnellement promis d'épouser, d'après le traité conclu entre lui et le parti qui lui avoit frayé le chemin au trône; promesse qui faisoit espérer qu'il se fonderoit sur ce titre, et ne régneroit que du chef de son épouse désignée. Le second étoit cet ancien titre de la maison de *Lancastre*, si souvent *discuté* et plus souvent encore *disputé* par les armes, entre les deux maisons d'*Yorck* et de *Lancastre*; car il se portoit pour héritier de cette dernière. Le troisième étoit celui des *armes*, ou le *droit de conquête*, ce prince ayant acquis la couronne par sa victoire, et *Richard* qui, avant lui, étoit en possession du trône, ayant été tué dans le combat. Le premier de ces trois titres étoit le plus favorable et le plus propre à lui concilier l'affection des sujets qui, durant les vingt-deux années du règne d'*Édouard IV*, s'étoient accoutumés à regarder les droits de la maison d'*Yorck* comme les mieux fondés, et que le gouvernement doux et populaire de ce prince, sur-tout dans ses dernières années, faisoit pencher en faveur de cette maison. D'un autre côté, il sentit que, s'il ne s'appuyoit que sur ce titre, il ne jouiroit que d'un pouvoir *précaire;* qu'il n'auroit que le *titre* de souverain, sans en avoir la réalité, et NE SEROIT PAS ROI, *mais seulement l'époux d'une reine*, le droit au trône ne subsistant plus alors qu'en la personne de cette princesse. De plus, soit que la reine laissât, ou ne laissât point d'enfant, il pouvoit être un jour contraint de descendre du trône, et de redevenir simple particulier. Or, quoique ce prince eût tout lieu d'espérer de pouvoir obtenir, après la mort de son épouse, un acte du parlement, qui lui laisseroit la couronne, et l'affermiroit sur sa tête pour le reste de ses jours ; cependant il connoissoit trop bien la différence qu'une nation met entre un prince régnant par le droit de sa naissance et celui qui ne doit la couronne qu'à un acte de cette nature, pour se contenter d'une telle perspective et faire fonds sur une si foible ressource. D'ailleurs, le bruit couroit alors (bruit qui s'accrédita de plus en plus, et qui dans la suite excita de grands troubles), que ces deux fils d'Edouard IV (ou du moins l'un des deux), qu'on disoit d'abord avoir été assassinés dans la tour de *Londres,* n'étoient pas morts, et avoient trouvé moyen de s'échapper. Or, si ce bruit eût été fondé, il n'auroit pu établir aucun droit sur le titre de son épouse que ces deux princes devoient précéder dans la succession au trône. D'un autre côté, s'il se fondoit uniquement sur le droit inhérent à sa personne, et sur son titre d'héritier de la maison de *Lancastre,* il s'exposoit à d'autres inconvéniens ; car il n'ignoroit pas que ce titre avoit été invalidé par plusieurs actes formels du parlement, et par le jugement de la nation entière : sans compter qu'en prenant ce parti, il auroit paru vouloir renverser tout-à-fait l'ordre de la succession, et éloigner pour toujours du trône tous les descendans de la maison d'*Yorck*, qui étoient alors universellement regardés comme les vrais successeurs à la couronne. Enfin, il prévoyoit que si Elizabeth ne lui donnoit point d'héritiers qui pussent réunir en leurs personnes les droits des deux maisons, on verroit tôt ou tard se rallumer le flambeau de ces guerres civiles qui, durant tant d'années, avoient désolé le royaume d'Angleterre. Quant au *droit* de *conquête*, quoique *Sir Henri Stanley*, encouragé par les acclamations et les applaudissemens de toute l'armée, après la victoire, eût fait apporter la couronne (non celle qui servoit ordinairement pour le couronnement des rois, mais une autre que *Richard* avoit portée durant la bataille, à titre de simple ornement, ou comme présage de la victoire, et qu'on avoit trouvée parmi ses dépouilles), et l'eût mise sur la tête de *Henri,* comme si ce prince en eût pris possession par le seul *droit de la guerre;* néanmoins Henri n'avoit pas oublié à quelles conditions il avoit été appellé au trône. Il considéroit de plus que s'il déclaroit ouvertement qu'il vouloit régner par le *droit de conquête,* une telle déclaration n'inquiéteroit pas moins ses partisans que le reste de la nation; qu'un titre de cette nature paroîtroit à tous le signal de l'abolition de leurs privilèges, et l'annonce d'un pouvoir despotique, toutes choses qui parurent si violentes et si odieuses à *Guillaume* lui-même, *duc de Normandie,* roi d'Angleterre, et surnommé le *conquérant,* que tout en exerçant réellement le *droit de vainqueur,* pour récompenser ses *Normands,* il en rejeta soigneusement le titre, et ne voulant point régner en vertu d'un tel droit, couvrit son usurpation de je ne sais quel titre, fondé sur un testament d'*Édouard le confesseur,* dont il se disoit l'héritier désigné par ce prince même.

Mais le roi, après avoir bien pesé tous les inconvéniens auxquels il seroit exposé, quelque parti qu'il choisît, prit enfin la résolution que lui dictoit son courage; et sachant assez que les loix du royaume ne comportoient point un interrègne, ou une suspension de titre, entraîné d'ailleurs par son attachement à sa famille, (sentiment qui fut toujours pour lui un motif prépondérant) préférant le titre qui assuroit le mieux son entière indépendance; enfin, plus porté, par son naturel, à prendre, pour ainsi dire, la fortune jour par jour, qu'à étendre beaucoup ses vues dans l'avenir, et à redouter des malheurs éloignés, se détermina enfin à ne fonder sa possession que sur son titre d'*héritier de la maison de Lancastre,* ne voulant employer les deux autres que comme deux *adminicules* (ou moyens *subsidiaires*); savoir : le premier, pour appaiser les secrets mécontentemens, et l'autre, pour prévenir les murmures et les oppositions déclarées. Car il n'ignoroit pas que ce titre de la maison de *Lancastre* étoit le seul dont s'étoient appuyés trois rois consécutifs, et qu'il auroit pu devenir perpétuel, si la foiblesse et le peu de capacité du dernier roi de cette maison ne lui eût ôté toute sa force, et n'y eût mis fin. En conséquence, le jour même de la bataille; savoir, *le 22 août,* il prit possession du trône en son propre nom, et sans faire aucune mention de son épouse (désignée). Il persista jusqu'à la fin dans cette résolution, qui fut la source des troubles et des révoltes multipliées qu'il eut à essuyer dans la suite.

Suivant ce plan, le roi, avant son départ de *Leicester,* envoya *Sir Robert Willoughby* au château de *Sherry-Hutton,* dans le comté d'*Yorck,* où étoient détenus, sous sûre garde, par l'ordre de *Richard III, Élizabeth,* fille d'*Édouard IV* (et épouse future de Henri), ainsi qu'*Édouard Plantagenet,* fils et héritier de *Georges,* dernier *duc de Cla-*

rence. D'après ce même ordre du roi, *Édouard* fut remis, par le commandant du château, entre les mains de *Willoughby*, qui le conduisit, à grandes journées, et avec autant de précautions que de diligence, à la *tour de Londres*, où il fut étroitement resserré. Quoique cet ordre fût purement arbitraire, et n'eût d'autre motif que la politique et la défiance du prince, cependant on ne doit pas se persuader qu'il attachât quelque importance à cette fable que le docteur *Shaw* avoit débitée, dans un discours public, à la *croix de Saint-Paul*, sur l'illégitimité de la naissance des enfans d'*Édouard IV*; supposition suivant laquelle cet autre *Édouard* auroit été son plus proche héritier; car dès long-temps cette fable avoit été rejetée; mais il se conduisoit ainsi, parce que sa résolution formelle et constante étoit d'abaisser tout personnage éminent et issu de la maison d'*Yorck*; résolution où il persista également, déterminé, soit par la haine implacable qu'il portoit à toute cette maison, ennemie de la sienne (1), soit par la foiblesse de son jugement; car, au lieu de cette impartialité qui convient à un prince, il porta sur le trône toute l'animosité d'un chef de parti.

Quant à la princesse *Élizabeth*, elle eut ordre de se rendre au plutôt à Londres, et d'y demeurer avec la reine douairière sa mère. Elle s'y rendit en effet peu de temps après avec un nombreux cortège composé de personnes de la plus haute noblesse des deux sexes. Le roi, à son tour, marcha vers Londres, mais à petites journées : les acclamations du peuple et les témoignages de l'alégresse

---

(1) *Hume*, qui a aussi écrit une histoire de *Henri VII*, où il cite fréquemment celle-ci, et fait souvent usage des vues de *Bacon*, observe que ce prince, en persécutant les descendans ou les partisans de la maison *d'Yorck*, ne fit que les aigrir; qu'à force de les traiter en ennemis, il les obligea de le devenir, et qu'il leur apprit à discuter ses droits à la couronne, dont ils apperçurent encore mieux l'invalidité par les efforts mêmes qu'il fit pour les soustraire à l'examen.

publique le suivoient par-tout; ces démonstrations étoient trop vives et trop universelles pour n'être pas sincères : aussi cette joie n'étoit-elle pas sans fondement; les peuples regardoient ce prince comme un vrai présent des cieux, le croyant destiné à terminer enfin les dissensions occasionnées par la concurrence des deux grandes maisons qui s'étoient disputé la couronne durant tant d'années; et quoique l'Angleterre, d'abord sous le règne de *Henri IV*, sous celui de *Henri V*, et durant une partie de celui de *Henri VI*, princes de la maison de *Lancastre;* puis sous le règne d'*Édouard IV*, de la maison d'Yorck, eût joui de quelques intervalles de calme et de sérénité, néanmoins, durant ce calme même, les causes de ces guerres intestines, causés toujours subsistantes et semblables à d'épais nuages, demeuroient suspendues sur l'Angleterre, et la menaçoient de nouveaux orages. *Henri VII* dissipoit toutes ces craintes; et comme sa victoire avoit soumis le royaume à ses loix, l'espoir de son mariage avec *Elizabeth* lui soumettoit les cœurs de ses sujets.

Henri, dans cette occasion, se conduisit avec une souveraine prudence; la crainte d'alarmer un peuple jaloux de ses prérogatives, et dont il connoissoit parfaitement le caractère, lui fit éviter avec soin tout ce qui pouvoit donner à sa marche l'apparence d'un *triomphe militaire*; et ce prince, qui venoit de se frayer le chemin au trône par les armes, sut tellement réprimer le faste insolent de la victoire, que, dans cette marche, il sembloit un monarque légitime qui se délasse en parcourant paisiblement ses provinces.

Le roi fit son entrée dans *Londres* un samedi; c'étoit aussi un samedi qu'il avoit gagné la bataille de *Bosworth*. De ces petites observations réitérées, se forma dans son esprit un préjugé qui lui fit regarder ce jour de la semaine comme heureux pour lui, et favorable à ses desseins; en conséquence, il devint son jour de prédilection (1).

Le *lord maire* et toutes les corporations de la ville de *Londres* s'avancèrent jusques à *Shore-Ditch,* pour lui faire une pompeuse réception; lieu d'où, avec un nombreux cortège, composé des plus grands seigneurs du royaume, il entra

---

(1) Ce préjugé de Henri VII n'étoit probablement, dans l'esprit de ce prince, qu'une *opinion superstitieuse;* mais cette opinion même ne laissoit pas d'être fondée à d'autres égards; car *les occupations et les dispositions du peuple ne sont pas les mêmes durant toute la semaine;* par exemple, dans nos contrées, il est plus oisif, plus médisant, plus insolent, plus séditieux, et en général plus vicieux, depuis le samedi au soir jusqu'au mardi matin, que durant le reste de la semaine, à moins qu'il ne s'y rencontre des fêtes. Ainsi, lorsqu'il s'agit d'exciter ou d'appaiser une sédition, de commencer ou de terminer une guerre, de faire une proclamation, etc. le choix du jour de la semaine n'est pas tout-à-fait indifférent. Or, les troupes de Henri VII étoient presque entièrement composées de milices.

dans *Londres*, n'étant ni à cheval, ni sur un trône, ni même dans une voiture ouverte, mais dans un *carrosse fermé*. Comme il avoit été proscrit et déclaré ennemi public, il crut devoir plutôt conserver, en cette occasion, toute la majesté attachée à son rang, et imprimer d'abord au peuple du respect pour sa personne, que d'affecter des manières populaires, et de briguer la faveur de cette multitude.

Il se rendit à l'église de *Saint-Paul*, où il consacra et déposa les drapeaux pris dans la bataille, de peur apparemment que le peuple n'oubliât trop tôt qu'il s'étoit frayé le chemin au trône par la force des armes. De là il se transporta au palais épiscopal, où son logement étoit préparé, et où il demeura pendant quelques jours.

Durant le séjour qu'il y fit, il assembla son conseil privé et autres personnes de la première distinction, en présence desquelles il renouvella sa promesse d'épouser *Elizabeth*; déclaration qu'il jugeoit d'autant plus nécessaire, que, peu avant son départ de la cour de *Bretagne*, pour se tirer plus aisément de la situation assez difficile où il se trouvoit alors, il avoit semé artificieusement quelques paroles tendant à faire espérer que, s'il étoit assez heureux pour parvenir au trône d'*Angleterre*, il épouseroit l'héritière du duché (princesse que *Charles VIII*, roi de France, épousa quelque temps après). Ces discours s'étant répandus en *Angleterre*, y avoient donné quelque ombrage, et faisoient craindre que cette autre promesse (relative à son mariage avec *Elizabeth*), union si universellement desirée dans le royaume, ne fût pas sincère, et qu'il ne fût secrètement disposé à y manquer. Ces bruits, quoique peu fondés, et les craintes dont ils étoient la source, ne laissoient pas d'inquiéter et d'affliger la princesse *Elizabeth* elle-même. La vérité étoit que ce prince agissoit de très bonne foi avec elle ; il souhaitoit même ne laisser aucun doute sur ses intentions à cet égard, afin d'appaiser tous les mécontentemens et de prévenir toute opposition aux desseins qu'il rouloit dans son esprit. Cependant il étoit bien déterminé (résolution toutefois qu'il tenoit secrète) à n'accomplir son mariage qu'après la cérémonie de son couronnement et la confirmation de son titre à la couronne, par un acte du parlement; délai fondé sur deux motifs. En premier lieu, il craignoit que, si son mariage précédoit ces deux formalités, le couronnement de la reine, joint au sien (comme il devoit l'être en pareil cas), ne fît croire à la nation qu'il n'étoit qu'*associé à la souveraineté de cette princesse*, et *tenoit d'elle tous ses droits*. En second lieu, lorsque le parlement lui auroit eu assuré la couronne, en confirmant son titre, comme il l'espéroit, les vœux de tous les ordres de l'état auroient pu se réfléchir, en partie, sur cette princesse.

Vers le même temps, une maladie extraordinaire fit les plus grands ravages à *Londres*, et dans plusieurs autres parties du royaume; elle fut qualifiée de *fièvre sudorifique* (ou appellée la *suette*) à cause du principal symptôme qui la caractérisoit. Cette maladie n'eut que de très courtes périodes, soit par rapport au temps de sa crise dans chaque individu, soit relativement au temps pendant lequel l'*Angleterre* en fut affligée. En vingt-quatre heures l'on en mouroit, ou l'on étoit presque assuré de la guérison. Elle commença à se faire sentir vers le 21 *septembre*, et cessa sur la fin d'*octobre* : en sorte qu'elle ne mit obstacle, ni au couronnement qui eut lieu le dernier d'*octobre*, ni à la session du parlement, dont l'ouverture se fit sept jours après. C'étoit une sorte de fièvre pestilentielle, dont le siège toutefois n'étoit ni dans les vaisseaux (dans les solides), ni même dans les humeurs; car elle n'étoit accompagnée ou suivie d'aucune éruption à la peau, où l'on ne voyoit ni pustules, ni taches livides, etc. toute la masse du corps demeurant intacte : on pouvoit l'attribuer plutôt aux qualités malignes d'une sorte de vapeur ou de substance pneumatique, qui, se portant d'abord au cœur, attaquoit ainsi les esprits vitaux ; ce qui excitoit la nature, par une violente irritation, à l'évacuer par la voie des sueurs. L'expérience fit voir que le caractère propre de cette maladie étoit plutôt d'attaquer la *nature,* par une sorte de surprise, que de tenir long-temps contre les remèdes; attendu que l'effet de ces remèdes, promptement administrés, étoit presque assuré : les malades étoient bientôt hors de danger, quand on avoit soin de les maintenir, dans une température douce et uniforme, à l'aide du feu ou des vêtemens, et de faire un peu chauffer toutes leurs boissons, en y joignant quelques cordiaux d'une force médiocre, afin que l'action de la nature ne fût ni trop violemment excitée par une chaleur excessive, ni ralentie par un trop grand froid. Mais, avant qu'on eût découvert le traitement convenable à cette maladie, un grand nombre de personnes en moururent presque subitement. Les gens de l'art pensèrent que cette maladie ne devoit point être rangée dans la classe de ces épidémies qui sont contagieuses, et se communiquent aisément, mais qu'elle avoit pour cause une qualité maligne, résidant dans le corps même de l'air, et d'une certaine constitution particulière de ce fluide, produite par ces variations fréquentes et insalubres dans la température, qui avoient eu lieu durant les mois précédens; conjecture justifiée par la courte durée de cette maladie.

La veille de la fête de *St. Simon* et *St. Jude* (le 27 d'octobre), le roi dîna chez *Bourchier*, archevêque de *Cantorbery*, et cardinal : après le dîner, il partit de *Lambeth*, et se rendit par terre à la tour de Londres, où il fit le lendemain une promotion de *douze chevaliers bannerets*. Quant aux titres plus relevés, il en étoit moins prodigue : quoique cette victoire qui venoit de le porter sur le trône, et son couronnement dont le temps approchoit, fussent deux motifs assez puissans pour l'engager à faire une nombreuse promotion, il n'éleva à de hautes dignités que trois personnes. *Gaspard, comte de Pembroke*, son oncle, fut créé *duc de Bedford; Thomas, lord Stanley* (beau-père du roi), fut nommé *comte de Darby;* et *Edouard Courtnay, comte de Devonshire.* Car, quoique le roi eût dès-lors le dessein de répandre les graces de cette espèce sur un grand nombre de personnes, cependant il voulut les distribuer de manière qu'elles pussent tout à la fois donner plus d'éclat à son couronnement, et rehausser la majesté du trône durant la session du parlement.

La cérémonie du couronnement se fit deux jours après; savoir, le 30 octobre 1485, temps où *Innocent VIII* étoit souverain pontife; *Frédéric,* empereur; *Maximilien* (son fils), roi des Romains, élu depuis peu; *Charles VIII,* roi de France; *Jacques III,* roi d'*Écosse;* enfin, *Ferdinand* et *Isabelle,* roi et reine d'*Espagne*. Le roi étoit en paix avec tous ces princes. Ce même jour, comme si la couronne qu'on venoit de lui mettre sur la tête, lui eût inspiré de nouvelles craintes, il créa, pour sa propre sûreté, une compagnie de cinquante archers (appellés *yeomen de la garde*), ou gardes-du-corps, avec leur capitaine. Mais, afin que cette compagnie qu'il créoit, parût plutôt à la nation une simple *garde d'honneur*, à l'imitation de celles des princes du continent, qu'un moyen de sûreté et une marque de défiance, il déclara qu'elle subsisteroit à perpétuité.

Le 7 de *novembre*, il ouvrit, à *Westminster*, l'assemblée du parlement qu'il avoit convoquée immédiatement après son arrivée à *Londres*. Trois motifs principaux l'avoient déterminé à hâter cette convocation. 1°. Il vouloit faire reconnoître son droit à la couronne, et confirmer son principal titre par cette assemblée. 2°. Il souhaitoit que tous les actes de condamnation et de proscription, passés contre ses partisans, fussent annullés ; qu'ils fussent pleinement absous de tous les actes d'hostilité qu'ils avoient commis pour la défense de sa cause, et obtinssent un pardon absolu ; qu'au contraire, les principaux chefs du parti opposé fussent condamnés par un acte de cette même assemblée. 3°. Il vouloit rassurer, par une abolition générale du passé, tous les autres adhérens de Richard III, afin d'étouffer toute semence de mécontentemens et de révoltes. Car il n'ignoroit pas qu'un prince a lui-même tout à craindre de la part de ses sujets, lorsqu'ils se croient menacés de son ressentiment : à ces trois principaux motifs de la convocation du parlement, s'en joignoit un quatrième non moins puissant. *Henri*, prince aussi prudent que modéré, étoit persuadé qu'il ne sauroit trop se hâter de prouver à ses sujets que sa résolution formelle étoit de les gouverner suivant leurs loix, quoiqu'il eût obtenu la couronne par la voie des armes. Enfin, ses sujets s'étant accoutumés, pendant plusieurs années, à le regarder comme ennemi public et comme proscrit, il lui importoit d'être déclaré roi, et formellement reconnu pour tel par leurs représentans mêmes, dont on s'étoit servi pour le condamner.

Quant à la manière de faire reconnoître son droit à la couronne, à la vérité il exigea, peut-être avec trop d'opiniâtreté, qu'on ne fît aucune mention de son épouse (ne voulant pas même qu'il fût statué que les enfans qu'il pourroit avoir d'elle, seroient appellés les premiers à sa succession); mais il se conduisit, à tout autre égard, avec beaucoup de prudence et de modération. Car, d'un côté, il ne demandoit pas que l'acte du parlement le confirmât dans sa possession par une déclaration ou reconnoissance formelle de ses droits et de la validité de ses titres. D'un autre côté, il évita toute affectation de loi ou d'ordonnance nouvelle. Il prit donc un parti moyen, qui laissa, dans cet acte de confirmation, de l'incertitude et de l'ambiguité : il fut donc réglé *que la succession à la couronne résideroit, subsisteroit, demeureroit, seroit continuée en la personne du roi actuel;* termes qui, en effet, étoient susceptibles de deux interprétations, et qui avoient sans doute cela de commun, que Henri seroit maintenu sur le trône ; mais devoit-ce être en vertu d'un droit préexistant et à titre d'héritier légitime ; ce qui étoit le point contesté, ou simplement comme possesseur actuel, ce que personne ne révoquoit en doute ? Voilà ce que l'acte n'expliquoit point. Quant à la partie de cet acte qui auroit pu être destinée à désigner ses successeurs, il se contenta de voir la couronne assurée à sa personne et à sa postérité, sans qu'il fût fait mention d'autres héritiers ou prétendans ; laissant à la loi même dont nous venons de rapporter le dispositif ambigu, le soin de décider ce dernier point, de quelque manière qu'on voulût l'entendre : en sorte que cet acte d'établissement sembloit plutôt une faveur accordée à ce prince et à ses enfans, qu'une disposition tendante à l'exhérédation totale de la maison d'Yorck. Tel fut le sage tempérament dont on usa dans la rédaction de cet acte. L'année suivante, le roi s'adressa à la cour de Rome pour en obtenir la confirmation par une bulle que le pape lui accorda (1), et où furent spécifiés, sous la forme d'un simple narré, ses deux autres titres ; savoir, celui de la naissance et celui de la victoire : en sorte qu'au lieu de trois titres qu'il avoit eus d'abord, il en eut cinq ; ayant

(1) Comme cette cour saisissoit avec joie les moindres occasions que l'imprudence, la foiblesse, ou les contestations des princes lui fournissoient d'étendre son autorité, *Innocent VIII*, qui occupoit alors le siège pontifical, accorda promptement cette bulle au roi, dans les termes qu'il la desiroit. Il est difficile de décider si le roi pouvoit retirer autant d'avantage de cette bulle, qu'il pouvoit en prévoir d'inconvéniens, en décelant ainsi lui-même l'invalidité de ses titres, et en invitant le pape à prendre un ascendant si dangereux sur les souverains.

ajouté à ces trois premiers, ceux qu'il tenoit ou croyoit tenir de l'autorité du pape et de celle du parlement.

Le roi n'eut pas de peine à obtenir d'un parlement si docile les bills nécessaires pour faire décharger de toute accusation, et exempter de toute peine, tous ceux d'entre ses partisans qui avoient été obligés de commettre des actes d'hostilité pour la défense de ses droits; et le bill passé à ce sujet, fut entièrement conforme à ses desirs. Lorsque cette affaire étoit encore sur le tapis, elle donna lieu à une discussion assez délicate sur ce sujet même. Parmi ces partisans les plus zélés de Henri, qui avoient été condamnés et proscrits sous le règne tyrannique de *Richard III*, il s'en trouvoit quelques-uns qui, ayant été élus membres du parlement, à titre de *chevaliers* ou de *bourgeois* (soit à l'instigation du roi, soit par le mouvement naturel de la nation qui lui étoit favorable), siégeoient alors dans cette assemblée, et leur droit de séance leur étoit contesté. On jugeoit que ces flétrissures les rendoient tout-à-fait inhabiles à une telle fonction; et il paroissoit contradictoire que des hommes qui avoient été mis eux-mêmes *hors la loi,* fissent des loix (1). Cette question ne laissa pas d'étonner un peu le roi, et de lui causer quelque inquiétude : car, quoiqu'elle fût colorée d'un prétexte assez spécieux, elle attaquoit assez directement son parti. Cependant il eut la prudence de cacher son émotion; il feignit de la regarder comme une subtilité de *juriste,* et comme une pure chicane. En conséquence, l'affaire fut portée à la *chambre de l'échi-*

---

(1) Un autre motif d'exclusion, du moins dans cette affaire, étoit que, si ces membres du parlement, qui avoient été flétris du tems de *Richard III,* eussent siégé et voté dans l'affaire qui les concernoit eux-mêmes, ils auroient été *juges et parties* : je dirai plus; lorsqu'une assemblée, après avoir délibéré sur une affaire qui intéresse nommément quelques-uns de ses membres, même ceux dont le droit de séance n'est pas douteux, commence à aller aux voix, ces *membres* doivent se retirer.

quier, et les juges s'assemblèrent, pour décider cette question, dans le lieu ordinaire de leurs séances. Après une mûre délibération, ils donnèrent une décision dictée par la prudence et la modération, ayant su tenir un juste milieu entre les loix positives et celles de l'équité naturelle; ils décidèrent que les chevaliers et bourgeois qui avoient encouru ces condamnations ou proscriptions, ne prendroient séance en parlement qu'après que les actes qui les avoient flétris, auroient été annullés.

Mais cette première question, tandis qu'on la discutoit, en fit naître une seconde de toute autre importance; le roi lui-même étoit un de ces proscrits; il s'agissoit de savoir quel parti l'on prendroit par rapport à lui, et quelle forme l'on choisiroit pour le décharger de cette accusation : mais tous les juges, d'un consentement unanime, décidèrent que la couronne effaçoit toute espèce de tache et de flétrissure; et que Henri, à l'instant même où il avoit été revêtu de l'autorité royale, ayant été déchargé, *ipso facto*, de toute accusation, il n'avoit plus besoin pour cela d'un acte du parlement (1). Cependant, pour effacer jusqu'à la trace de cette condamnation que le roi avoit encourue, il fut statué que tous les mémoires et registres où il étoit fait mention de cette affaire, seroient biffés et lacérés.

Quant aux ennemis du roi, le parlement déclara coupables de haute trahison *Richard* lui-même, dernier *duc de Glocester*, et soi-disant *Richard III*; le *duc de Norfolck*, le *comte de Surrey*, le *vicomte de Lovel*, les barons de *Zouches*

---

(1) Ce qui signifioit que, pour avoir toujours raison, il suffit d'être le plus fort, et que, pour obtenir toutes les loix dont on croit avoir besoin, il faut se mettre en état de donner la loi. Mais au fond ce bill étoit très conforme à l'esprit de toutes les loix; car *le but réel de toutes les loix est de légitimer en apparence la possession et la volonté du plus fort, soit peuple, soit sénat, soit prince;* de centupler la prédominance de ceux qui ont tout sur ceux qui n'ont rien.

et de *Ferrieres, Richard Ratcliff, Guillaume Catesby*, et un assez grand nombre d'autres seigneurs du même parti (1). Dans ces bills mêmes de condamnation, furent insérées différentes restrictions et limitations qui étoient autant de preuves de la prudence et de la modération du roi, et qui faisoient espérer pour l'avenir que son gouvernement seroit plein de douceur et d'équité. Quant à l'abolition générale qu'il se proposoit d'accor-

---

(1) Comment pouvoit-on être coupable de trahison en servant le prince régnant contre le *comte de Richemond*, qui ne réclamoit encore aucun droit au trône ? il ne falloit pas moins que la servile complaisance de ce parlement, pour donner une pareille atteinte à la justice. C'étoit s'opposer bien promptement à l'union sincère qu'on avoit projeté d'établir entre les deux partis, et à l'espoir de laquelle ce prince devoit le consentement donné à son avènement au trône. Cette observation est de M. *Hume*; mais voici le mot de l'énigme: *Henri*, au commencement de son règne, voulant ménager son peuple, étoit déterminé à ne lui point demander de subsides, et il avoit besoin de confiscations pour y suppléer.

der à tous les sujets de condition inférieure, qui avoient porté les armes contre lui, ayant changé d'avis sur ce point, il ne voulut pas que cette abolition fût émanée de l'autorité du parlement; mais jaloux de se réserver tout le mérite de cet acte de clémence qui pouvoit lui concilier l'affection de ses sujets, et voulant seulement profiter de la tenue du parlement pour répandre plus aisément et plus promptement, dans tout le royaume, la nouvelle de cette grace qu'il accordoit, il fit proclamer, dans le temps même de la session, un édit (émané de son trône), par lequel il accordoit une abolition générale du passé, et réintégroit dans tous leurs biens ceux qui avoient porté les armes ou tramé quelque complot contre lui; pourvu qu'à certain jour marqué, ils vinssent implorer sa clémence et lui prêter serment de fidélité. Presque tous les adhérens de *Richard III* sortirent de leurs asyles, sur la foi de cette proclamation qui tranquillisa tous les esprits, même ceux que la crainte de sa vengeance avoit rendus ses ennemis, et qui n'étoient pas moins coupables que ces réfugiés.

Quant à ses finances, il fut déterminé, par différens motifs, à ne point demander de subsides dans cette session. 1°. Ses sujets lui avoient accordé tant de faveurs signalées, et lui avoient témoigné tant de déférence, qu'il n'auroit pu sans indiscrétion leur faire de nouvelles demandes. 2°. Il n'avoit pu les payer de retour dans cette session par les adoucissemens ordinaires, relativement aux impôts ; parce qu'à son couronnement, leur ayant accordé une remise générale, suivant l'usage, il s'étoit mis ainsi dans l'impuissance de leur faire une nouvelle grace de cette nature. 3°. (Et ce dernier motif étoit le principal), il venoit d'obtenir d'immenses confiscations qui suffisoient pour remplir ses coffres, toute la nation voyant assez que ce *casuel* de la couronne pouvoit suppléer aux impôts, dans un temps sur-tout où il étoit en paix avec tous ses voisins.

Il y eut très peu de bills passés dans cette session, et seulement pour la forme : les plus remarquables se réduisirent à deux, dont l'un obligeoit les *étrangers naturalisés* à payer les mêmes taxes que les *étrangers non naturalisés;* et l'autre appliquoit, au profit de la couronne, les amendes décernées contre les marchands italiens qui n'auroient pas converti en marchandises angloises l'argent provenu de la vente des leurs; deux loix qui tendoient visiblement à remplir ses coffres. Or, dès le commencement de son règne, il eut grand soin de ne pas les laisser vuides, et cette attention auroit eu pour lui de plus heureux effets jusqu'à la fin de son règne, si cette même prévoyance qui, en l'excitant à prendre ses précautions de si loin, pouvoit le préserver de l'indigence qui l'auroit mis dans la nécessité de charger ses sujets, avoit pu l'aider en même temps à réprimer son penchant excessif à amasser.

Durant cette même assemblée, il conféra quelques dignités, ou autres graces, à plusieurs de ses plus zélés partisans. *Chandos*, seigneur breton, fut créé *comte de Bath;* sir *Gilles Daubeney,* baron du même nom; et sir *Robert Willoughby, baron de Broke.*

Le roi, déterminé par sa grandeur d'ame et sa générosité, vertus qui brilloient encore en lui de temps à autres, réintégra *Edouard Stafford,* fils aîné du *duc de Buckingam,* qui avoit été condamné sous le règne de Richard III, et le rétablit non-seulement dans tous les honneurs et toutes les dignités attachées à son illustre maison, mais même dans la jouissance de toute sa fortune, qui étoit immense. Le vrai motif de cette action si noble et si généreuse de *Henri,* fut sa reconnoissance pour le *duc de Buckingam,* qui avoit concerté le plan de son élévation au trône, et s'étoit perdu lui-même pour lui en ouvrir la route. Cette réintégration fut immédiatement suivie de la dissolution du parlement.

Peu de temps après, le roi envoya l'argent nécessaire pour dégager le *marquis de Dorcester* et *sir Jean Bourchier*, qu'il avoit laissés à Paris pour cautions des sommes qu'il y avoit empruntées à son départ pour son expédition en Angleterre. Il profita de l'occasion pour demander un emprunt de 4000 liv. (1) au *lord maire* et à la ville de *Londres*, par une lettre dont il fit porteurs le *lord grand trésorier* et le *sieur Bray;* mais, après bien des allées et venues, il ne put obtenir que la moitié de cette somme; cependant il ne laissa pas de paroître satisfait de leur réponse, et de les en remercier très gracieusement, *comme le font ordinairement tous ceux qui empruntent de l'argent avant d'en avoir un pressant besoin.* Vers le même temps, le roi admit dans son conseil secret *Jean Morton* et *Richard Fox;* l'un, évêque

---

(1) Ce sont des livres *sterlings*, dont chacune répond à peu près à 22 *liv.* 10 *sols* de notre monnoie; je dis à peu près, parce que la valeur, soit absolue, soit relative, de l'argent, n'a pas toujours été la même en France, ni en Angleterre.

d'*Ely*, et l'autre, d'*Excester;* deux personnages fort vigilans et fort discrets, qui *étoient, pour ainsi dire, toujours de garde avec lui,* et l'aidoient à veiller sur tous les autres. Tous deux avoient eu grande part à ses affaires avant son élévation au trône, et avoient partagé toutes ses disgraces. Quelque temps après, *Bourchier* étant venu à mourir, *Morton* fut nommé *archevêque de Cantorbery;* et *Fox, garde du sceau privé.* Il n'avança ce dernier que peu à peu, lui ayant conféré successivement les évêchés d'*Excester*, de *Bath*, de *Dunelm* et de *Winton.* Car, quoique le roi employât plus volontiers des prélats que des laïcs, parce qu'il pouvoit, *en leur donnant de riches évêchés, les récompenser sans qu'il lui en coûtât rien,* cependant sa règle constante étoit de ne les avancer que par degrés, *afin d'augmenter d'autant les annates qu'il multiplioit par cette gradation.* Car, quoique ces premières années du revenu des évêchés ne fussent pas encore dévolues à la couronne, mais au pape, cependant il avoit fait, avec les collecteurs du pontife, un arrangement, en conséquence duquel il en tiroit un gros profit (1).

Enfin, ce mariage, si desiré et si long-temps attendu, entre le roi et la princesse *Elizabeth* (à laquelle il avoit déja été fiancé), fut célébré le 18 de janvier, avec les démonstrations d'une joie encore plus vive et plus universelle que celle qui s'étoit manifestée à son entrée et à son couronnement. Le roi ne vit pas sans chagrin ces témoignages de l'affec-

---

(1) Si Henri VII avoit donné, chaque année, un nouvel évêché à *Fox*, comme le revenu de la première année étoit dévolu au pape, qui en rendoit une partie au roi, le pape et le roi auroient touché tous les revenus, et *Fox* n'auroit jamais touché que l'espérance de toucher quelque chose. Au reste, comme ce prince étoit très cupide, on peut attribuer cette conduite à un tel motif; mais elle pouvoit être aussi fondée sur deux autres non moins puissans. 1°. Si vous donnez, en une seule fois, ou en très-peu de temps, à un homme dont vous avez besoin, tout ce qu'il peut attendre de vous,

tion générale pour la maison d'Yorck. Son épouse (qui mourut avant lui) s'en ressentit tant qu'elle vécut : quoiqu'aimable, vertueuse, soumise, et d'une rare fécondité, elle ne put obtenir de lui le retour de tendresse qu'elle avoit droit d'en attendre. Cette haine implacable qu'il portoit à la maison d'Yorck, le domina tellement, qu'elle le suivit, non-seulement dans les guerres et dans les conseils, mais même dans le lit conjugal.

Après tant de succès, Henri étoit plein

---

comme alors il ne pourra plus rien attendre de vous, vous ne devrez plus rien attendre de lui ; car la plupart des hommes sont si avides, qu'il faut moins compter sur leur reconnoissance, que sur les espérances qu'on sait leur donner, et ils ne sont reconnoissans qu'autant qu'ils fondent des espérances sur cette reconnoissance même. 2°. Les prétentions d'un homme quelconque sont, toutes choses égales d'ailleurs, proportionnées à ses espérances, et ses espérances le sont à ce qu'il a déja reçu, car l'homme n'espère que d'après ses jugemens, et ne juge que par comparaison.

de courage et de confiance en sa fortune ; sa victoire, la complaisance excessive du parlement qui ne lui avoit fait essuyer aucun refus ; enfin, les acclamations et les applaudissemens du peuple, qui retentissoient encore à ses oreilles, ne lui laissoient plus aucune inquiétude sur l'avenir ; et non-seulement il se croyoit paisible possesseur du trône, mais même il se flattoit que tout le reste de son règne ne seroit plus qu'un jeu. Cependant ce prince, qui étoit naturellement vigilant et circonspect, étoit bien déterminé à ne rien négliger de tout ce qui pouvoit contribuer à sa sûreté et l'affermir sur le trône. Mais, toujours persuadé que son administration désormais seroit plutôt un *amusement* et une sorte *d'exercice* qu'un vrai *travail*, il crut qu'il pouvoit avoir l'esprit tranquille à cet égard ; en conséquence, informé par des avis certains que les provinces septentrionales étoient non-seulement attachées à la maison d'*Yorck*, mais même dévouées à la cause de *Richard III* qu'elles regrettoient ; il crut ne pouvoir mieux employer son temps durant l'été suivant, qu'à parcourir ces provinces, pour s'assurer par lui-même des vraies dispositions de leurs habitans, espérant que sa présence suffiroit pour maintenir dans le devoir le peuple de ces cantons, et qu'il lui seroit facile de gagner son affection par ses discours et son affabilité. Mais ce prince avoit trop présumé de sa fortune ; au lieu de ce calme qu'il avoit espéré, il eut de continuels orages à essuyer pendant plusieurs années, et son règne fut agité presque jusqu'à la fin : à peine fut-il arrivé à *Lincoln*, où il passa les fêtes de *Pâques*, qu'il apprit que le vicomte de *Lovel, sir Humfrey Stafford* et *Thomas* son frère, étoient sortis de l'asyle de *Colchester*, où ils s'étoient d'abord réfugiés, et qu'on ignoroit le lieu de leur retraite actuelle. Mais, cette nouvelle ne lui paroissant pas assez importante pour arrêter sa marche, il se rendit à *Yorck*. Durant le séjour qu'il y fit, il fut informé, par des nouvelles plus certaines, que les deux Stafford ayant pris les armes dans le comté de *Worcester,* étoient allés assiéger cette ville, et avoient déja fait leurs approches; il apprit en même temps que *Lovel* marchoit vers *Yorck* avec de grandes forces, pour l'attaquer lui-même, et qu'il n'étoit pas éloigné. Le roi, naturellement ferme et fécond en ressources, ne fut pas fort effrayé de ces nouvelles, il regardoit ces troupes comme des débris de cette armée qu'il avoit combattue et défaite à *Bosworth,* et croyoit qu'elle n'avoit rien de commun avec le parti de la maison d'*Yorck;* il lui étoit plus difficile de bien choisir les troupes qu'il devoit opposer aux rebelles, que d'en trouver assez pour leur résister; car il se trouvoit au milieu d'un peuple dont les dispositions lui étoient suspectes, et qui le tenoit comme assiégé. Mais, comme il falloit prendre un parti sur-le-champ, il leva à la hâte environ trois mille hommes composés d'une partie de sa suite, ou de son escorte, et d'un certain nombre d'habitans d'une fidélité éprouvée. Ils étoient assez mal armés, mais, pleins de courage et d'affection pour sa personne; il en donna le commandement au *duc de Bedford*, avec ordre de marcher aussi-tôt contre *Lovel;* et sa maxime constante, dans de telles circonstances, étant d'accorder une amnistie aux rebelles, plutôt avant qu'après le combat, il donna pouvoir à son lieutenant d'offrir ce pardon à tous ceux qui mettroient bas les armes, et rentreroient aussi-tôt dans le devoir : ordre que le duc exécuta dès qu'il se fût approché du camp de *Lovel*, et qui eut tout le succès que le roi en avoit attendu. *La voix du héraut qui proclama ce pardon, tint lieu de canon.* Car *Lovel*, craignant avec raison l'effet de cette mesure et la désertion de ses gens, se retira dans le comté de *Lancastre*, et après s'y être tenu caché pendant quelque temps chez *sir Thomas Broughton*, il s'embarqua pour la Flandre, et se réfugia auprès de *Marguerite*, *duchesse* (douairière) *de Bourgogne*.

Son armée se voyant ainsi abandonnée par son général, prit le parti de se soumettre à la clémence du roi, et se rendit au duc de *Bedford*. Les deux *Stafford* et leurs troupes ayant appris la fuite de *Lovel*, qui étoit leur principale ressource et l'ame de cette révolte, perdirent tout-à-fait courage, et prirent aussi le parti de la fuite. Quant aux deux frères, ils se retirèrent dans l'asyle de *Colnham*, village situé près d'*Abington*. Mais les juges *de la cour du banc du roi* ayant examiné la chartre du privilège attaché à ce lieu, et s'étant assuré qu'il ne s'étendoit pas au crime de trahison, on se saisit de *Homfroi*, et il fut exécuté aux fourches de *Tyburn*; mais *Thomas* obtint sa grace sur cette supposition, qu'il avoit pu être séduit et entraîné dans la révolte par son frère aîné. Ainsi, cette révolte passa, pour ainsi dire, comme un léger nuage; et le roi, après avoir purgé du levain de la rébellion ces provinces septentrionales, qui auparavant n'étoient pas très affectionnées à sa personne, retourna à *Londres*.

Au mois de *septembre* de la même année, la reine accoucha de son fils aîné, auquel le roi donna le nom d'*Artur*, en mémoire du fameux roi d'Angleterre, de ce nom, dont il se disoit issu; prince qui s'est assez illustré par les grandes choses qu'il a réellement exécutées, et qui se trouvent attestées par les monumens les plus authentiques, sans qu'il fût besoin d'y joindre des exploits fabuleux, comme l'ont fait tant de romanciers. Quoique cet enfant fût venu au terme de huit mois (ce que les médecins et les astrologues regardent comme un mauvais présage), il ne laissoit pas d'être d'une constitution saine et vigoureuse.

Cette même année, un attentat d'une nature tout-à-fait extraordinaire et plein d'audace, causa au roi de vives inquiétudes, fit chanceler ce prince sur son trône, et excita de grands troubles dans le royaume. Les relations qu'on nous a laissées sur cet évènement sont si nues et si peu circonstanciées, qu'elles rendent le fait presque incroyable : non que ce fait ait en soi-même rien de fort extraordinaire ; car on en trouve assez de semblables dans l'histoire, mais parce que certaines circonstances qui le caractérisent, sur-tout dans les commencemens, le rendent beaucoup plus étrange que tous les autres. C'est pourquoi, en hasardant notre jugement sur ce complot, nous aurons soin *de ne juger des choses que par les choses mêmes,* qui *pourront s'éclairer réciproquement;* et nous tâcherons de puiser la vérité dans ses propres sources. L'élévation du roi étoit encore très récente ; cependant il étoit, à son insu, universellement détesté, quoique la conduite qu'il avoit tenue jusqu'alors semblât mériter d'autres sentimens. La véritable source de cette haine publique et de ce mécontentement général n'étoit autre que cette obstination avec laquelle il s'efforçoit d'abaisser la maison d'Yorck qui étoit chérie de toute la nation. Les esprits s'aigrissoient de plus en plus, sur-tout en voyant que le roi, après son mariage, et même après la naissance de son fils aîné, différoit encore le couronnement de la reine, qui, au jugement de toute la nation, auroit dû avoir lieu en même temps que le sien; n'ayant pas même daigné la faire couronner comme son épouse: car le couronnement de la reine n'eut lieu qu'au bout de deux ans; c'est-à-dire, après que de périlleuses expériences qui lui servirent de leçons, lui eussent appris quelle conduite il devoit tenir à cet égard. Cette aversion du peuple et ce mécontentement général s'accrurent encore, lorsque, soit par hasard, soit par l'artifice des mécontens, le bruit courut que son dessein étoit de faire mourir secrètement dans *la tour Édouard Plantagenet*. On comparoit la destinée de ce jeune prince à celle des enfans d'*Édouard IV*, avec lesquels il avoit d'ailleurs tant de rapports, par les liens du sang, par son âge encore tendre, par le lieu même où il étoit détenu: toutes circonstances qui renouvelloient la mémoire de cet horrible attentat, et rendoient le roi d'autant plus odieux, qu'on le comparoit à Richard III. L'opinion même où l'on étoit que l'un des enfans du roi *Édouard* étoit encore vivant, bruit que les mécontens avoient semé, ou entretenu, pour exciter des troubles, augmentoit encore l'inquiétude et le mécontentement de toute la nation. Le naturel et la conduite du roi n'étoient rien moins que propres à dissiper de tels nuages ; il se conduisoit au contraire de manière à nourrir de tels soupçons, plutôt qu'à les détruire. Ainsi, la matière combustible se trouvant déja préparée et amassée par ces différentes causes, une étincelle, d'abord méprisée, excita un vaste incendie.

A *Oxford* vivoit un prêtre, nommé *Richard Simon*, ecclésiastique encore plus audacieux que rusé, qui s'étoit chargé de l'éducation de *Lambert Simnel*, jeune homme âgé de quinze ans, et fils d'un boulanger, d'une figure au-dessus de sa condition, et qu'un certain air de grandeur, qui lui étoit naturel, sembloit mettre en état de jouer le rôle d'un prince. Ce prêtre écoutant avidement les bruits publics, et se berçant de l'espoir d'obtenir quelque riche évêché, en cas de succès, conçut l'extravagant dessein de faire prendre à son élève le nom et le rôle du second fils d'*Edouard IV*, jeune prince, qu'on croyoit avoir été assassiné dans la tour. Mais ensuite ayant changé de plan, il résolut d'exercer son élève à représenter *Edouard Plantagenet*, alors détenu dans cette même tour, et il n'épargna rien pour faire illusion. Ce qu'il y avoit de plus étrange et de plus incroyable dans un tel complot, ce n'étoit pas qu'on eût voulu substituer un aventurier à un grand prince, et l'élever sur le trône ; les faits de cette espèce étant assez communs dans l'histoire, soit ancienne, soit moderne, ni qu'un homme d'une condition si abjecte eût conçu un si grand dessein, car les vues les plus hautes se glissent quelquefois dans l'esprit d'un homme de la plus basse extraction, sur-tout quand il est comme enivré par les discours publics. Mais ce qui me paroît vraiment étrange, et tout-à-fait invraisemblable, c'est que ce prêtre, qui ne connoissoit point du tout *Edouard Plantagenet*, se soit flatté de pouvoir, sans le secours de qui que ce fût, instruire assez complètement son élève pour le mettre en état de représenter parfaitement ce jeune prince; par exemple, d'imiter sa voix et ses gestes, de rappeller exactement les plus petits faits de son enfance et les plus légères circonstances relatives à son éducation, de répondre avec justesse à toutes les questions que, selon toute apparence, on lui feroit sur ce sujet; en un mot, de copier fidèlement le personnage qu'il vouloit lui faire représenter dans cette espèce de *comédie*. Ce personnage, que son élève devoit imiter, n'étoit rien moins qu'un enfant qui eût été enlevé dès le berceau, ou transporté ailleurs dès ses premières années, mais un prince déja parvenu à l'adolescence, et qui, jusqu'à l'âge de dix ans, avoit vécu à la cour, exposé aux regards de tous. Car, à la vérité, le roi *Edouard* se reprochant secrètement la mort de son frère le *duc de Clarence*, père de ce jeune prince dont nous parlons, ne put se résoudre à réhabiliter complètement ce dernier, et sous le titre de *duc de Clarence ;* cependant, pour l'en dédommager, du moins en partie, il le créa *comte de Warvich*, ayant fait revivre ce titre, qui appartenoit à son neveu, du chef de sa mère; et tant qu'il vécut, il le traita toujours très honorablement; mais dans la suite *Richard III* avoit confiné le jeune comte dans une prison. Ainsi, tout porte à croire que c'étoit quelque personne du plus haut rang qui, ayant connu particulièrement *Edouard Plantagenet*, étoit l'ame de ce complot, et qui, le dirigeant sous main, donnoit au prêtre *Simon* tous les renseignemens et tous les secours nécessaires. C'est ce dont on ne pourra douter, pour peu qu'on réfléchisse sur les mesures qui furent prises, soit avant, soit après l'évènement, réflexions dont le résultat le plus probable est que la personne qui avoit ourdi cette trame, n'étoit autre que la reine douairière, femme d'un caractère inquiet, ambitieuse, intrigante, et qui, pour les affaires d'état, n'étoit rien moins qu'étrangère. C'étoit même dans son cabinet qu'avoit été projettée, proposée, examinée et mûrie, cette heureuse conspiration, qui avoit renversé du trône *Richard III*, pour y élever Henri VII ; tous faits que ce prince n'ignoroit pas, et que peut-être il ne savoit que trop : sans compter que, dans le temps même de cette conspiration, cette reine étoit fort animée contre le roi ; animosité d'autant plus grande, que le mariage de sa fille, que *Henri* traitoit assez durement, lui sembloit plutôt un abaissement et une dégradation, qu'une véritable élévation (1). Quoi qu'il en soit, il

---

(1) Cette explication ne nous paroît pas suffisante : il n'est nullement probable qu'une femme aussi spirituelle et aussi adroite que l'étoit la reine

n'est pas douteux qu'elle n'eût toute l'expérience et toute la dextérité nécessaires pour diriger cette comédie qu'on vouloit faire jouer. Cependant le vrai dessein de cette princesse et des autres personnes un peu éclairées qui trempoient dans cette conspiration, n'étoit rien moins que de faire couronner ce fantôme (1) :

---

douairière, ait espéré que le prêtre *Simon* réussiroit à faire passer son élève pour *Edouard Plantagenet*, alors détenu dans la tour de *Londres*, et connu d'un grand nombre de personnes ; mais, comme un premier bruit avoit fait croire que ce jeune prince s'étoit échappé ; et un second, que *Henri* avoit dessein de le faire mourir, il se peut que la reine douairière, pour s'assurer s'il étoit encore entre les mains de Henri, ait fait jouer cette comédie ; car alors le roi n'avoit qu'un seul parti à prendre pour dissiper cette illusion, savoir celui de faire paroître en public *Edouard* avec les personnes qui le connoissoient le mieux (comme il le fit quelque tems après) ; et si Henri ne le produisoit pas en public, il étoit clair que ce jeune prince étoit mort, ou en liberté : dans les deux cas, l'objet étoit rempli.

(1) Qui est-ce qui en doute ? Il n'y avoit pas

c'étoit assez pour eux qu'il pût, à ses risques, leur frayer le chemin, et faire un peu chanceler le roi sur son trône ; ce point, une fois gagné, ils avoient chacun leur but particulier, dont ils se seroient ensuite occupés ; buts auxquels ils se flattoient de pouvoir parvenir, à la faveur de ce premier coup qu'ils auroient frappé. Une autre considération qui fortifie cette conjecture, c'est qu'à peine la conspiration eut-elle commencé à éclater, que le roi en fut tellement irrité, qu'il fit renfermer la reine douairière dans le couvent des religieuses de *Bermondsey*, et confisquer tous ses biens au profit du trésor. Cet ordre, il ne le donna que d'après une simple délibération à *huis clos,* sans aucune forme légale, et en le colorant du prétexte le plus frivole ; cette reine ayant été seulement accusée

---

d'apparence que la reine douairière eût voulu faire descendre sa fille du trône qu'elle occupoit avec Henri VII, pour y faire monter le fils d'un boulanger.

d'avoir, contre sa promesse (de donner *Elizabeth* en mariage au comte de *Richemond*), tiré cette princesse et ses sœurs de leur asyle, pour les livrer entre les mains du tyran *Richard III*: manière de procéder qui fut d'abord jugée, non-seulement trop sévère, mais même tout-à-fait illégale, soit quant au fond de l'affaire, soit quant à la forme; mais qui nous porteroit à croire qu'elle eut pour motif quelque accusation très grave, intentée contre la reine douairiere, mais que le roi, par raison d'état, et pour prévenir les murmures, ne voulut pas rendre publique. Un autre fait qui prouve encore mieux que cette affaire couvroit quelque secret important, dont on vouloit dérober la connoissance au public, et qu'on avoit les plus fortes raisons pour éviter l'éclat, c'est que, non-seulement Simon lui-même, lorsqu'on se fut saisi de lui, ne fut pas exécuté publiquement; mais que son jugement même ne fut pas public, comme l'avoient été ceux de beaucoup d'autres ecclésiastiques, accusés de délits du même genre, mais moins graves, et qu'on se contenta de le jeter dans je ne sais quelle prison éloignée ; à quoi l'on peut ajouter qu'après la mort du comte de *Lincoln*, qui pouvoit alors être regardé comme le chef de la maison d'*Yorck*, et qui fut tué à la bataille de *Stoke*, le roi s'ouvrant à quelques-uns de ses conseillers les plus intimes, leur avoua qu'il étoit affligé de la mort de ce seigneur, qui auroit pu lui faire connoître les vrais ressorts de cette conspiration, et lui dire de quelles personnes il devoit le plus se défier.

Mais, pour revenir à la relation du fait même, *Simon*, comme nous l'avons dit, commença par exercer son disciple à représenter la personne de Richard, *duc d'Yorck*; plan qu'il suivoit encore, lorsque le bruit courut que le dessein du roi étoit de faire mourir secrètement, dans la tour, *Edouard Plantagenet*, nouvelle qui avoit occasionné de grands murmures ; mais quelque temps après, ce prêtre artificieux ayant oui dire que ce même *Edouard* s'étoit échappé de la tour, que ce jeune prince étoit chéri du peuple, et que l'opinion où l'on étoit qu'il avoit échappé au danger auquel on l'avoit cru exposé, avoit excité une joie universelle, il changea le masque de son élève, et d'un duc d'*Yorck* en fit un *Plantagenet*; second personnage qu'il crut plus convenable à ses vues, parce que ce jeune prince étoit alors le sujet des discours publics, et l'objet des vœux de la nation entière, sans compter que la nouvelle de cette évasion pouvoit donner plus de vraisemblance à la fable qu'il vouloit faire adopter. Cependant, considérant que s'il faisoit d'abord paroître son élève en Angleterre, où se trouvoient beaucoup de personnes qui connoissoient le véritable *Edouard*, il y seroit exposé à une infinité de questions embarrassantes, et n'y pourroit soutenir un examen détaillé et un peu suivi, il crut devoir changer le lieu de la scène, et le transporter dans un pays plus éloigné, comme on le fait ordinairement au théâtre. En conséquence, il passa en *Irlande* avec son disciple ; plan d'autant plus judicieux, que les Irlandois étoient alors entièrement dévoués aux intérêts de la maison d'*Yorck*. Le roi, dans les dispositions qu'il avoit faites relativement à cette île, avoit manqué de prévoyance et d'activité ; il l'avoit laissée à peu près dans l'état où elle s'étoit trouvée à son avènement au trône, n'y ayant déplacé aucun des magistrats ou des officiers nommés par ses prédécesseurs : il n'avoit pas même eu la précaution de mêler parmi eux quelques sujets d'une fidélité éprouvée, comme il l'auroit dû faire, n'ignorant pas cette prédilection du peuple d'Irlande pour la maison d'*Yorch*, et sachant combien il étoit facile d'exciter des troubles dans cette île, dont les habitans étoient beaucoup plus avides de nouveauté, et plus disposés à la révolte que les Anglois mêmes. Mais un peu enflé de ses victoires, et se rassurant trop sur les succès qu'il avoit eus en Angleterre, il ne doutoit nullement que, dans ses heures de loisirs, il ne pût régler les affaires d'Irlande comme en se jouant.

L'effet de cette négligence du roi fut que *Simon*, à son arrivée en *Irlande*, avec son *Plantagenet* fantastique, trouva tout préparé pour une révolte; comme s'il eût été d'intelligence avec les *Irlandois*. Lorsqu'ils se présentèrent devant *Simon Thomas, Fitz - Gerald*, comte de *Kildare, lord député d'Irlande*, ce seigneur fut tellement ébloui par leurs discours insinuans, joints à l'air de grandeur de l'aventurier, et peut-être aussi un peu par sa propre ambition, dont il ne sut pas réprimer les mouvemens, qu'il prit très sérieusement cet aventurier pour un vrai *Plantagenet*; cependant, le comte ayant secrètement consulté, sur cette affaire, quelques seigneurs dont il étoit sûr, et les ayant trouvés encore plus ardens et plus disposés que lui à adopter cette fable, il permit d'en répandre la nouvelle dans tout le royaume, ne voulant pas rendre publique la résolution qu'il avoit prise à ce sujet, avant que d'avoir pressenti les dispositions du peuple. Mais si les grands se prêtèrent avec ardeur à cette illusion, le peuple s'y livra avec fureur. Le fantôme fut accueilli avec une faveur et une joie universelle : cette nouveauté flattant le penchant des Irlandois pour la maison d'Yorck, et chatouillant aussi un peu leur orgueil, en leur faisant espérer qu'ils auroient la gloire de donner un roi à l'Angleterre. Cette condamnation qu'avoit encourue *Georges*, duc de *Clarence*, père du véritable *Edouard*, qu'ils croyoient présent, n'étoit point un motif suffisant pour les refroidir ; le roi *Henri VII* leur ayant lui-même appris depuis peu, par son propre exemple, que ces bills de condamnation émanés du parlement, ne pouvoient nuire aux titres et aux prétentions d'un prince à la couronne. Quant aux filles d'*Edouard IV*, dont les droits précédoient ceux de *Warvick* dans l'ordre de la succession, ils n'y eurent pas plus d'égard ; prenant pour prétexte l'exclusion formelle que leur avoit donnée *Richard III*, en les faisant déshériter ; et prétendant qu'elles faisoient, en quelque manière, partie de la faction de *Henri VII*, entre les mains duquel elles se trouvoient actuellement. En sorte que, d'un consentement unanime, et aux acclamations de tous les ordres de l'état qui se trouvèrent alors rassemblés à *Dublin*, ce *Plantagenet* imaginaire fut conduit avec pompe au château, où il fut salué roi, eut sa garde, sa maison, etc. en un mot, reçut tous les honneurs de la souveraineté : enthousiasme d'autant moins étonnant, que ce jeune homme qui avoit naturellement un air de majesté, se conduisit avec beaucoup de décence et de dignité, ne laissant rien échapper qui pût déceler la bassesse de sa naissance. Ce ne fut pas tout, quelques jours après, il fut proclamé roi, sous le nom d'*Édouard VI*; et il n'y eut pas une seule épée de tirée pour la défense des intérêts de Henri.

La nouvelle d'une révolte si soudaine

et si inattendue donna beaucoup d'inquiétude au roi. Il voyoit que le motif de ce soulèvement étoit précisément celui qu'il redoutoit le plus, je veux dire, le desir de faire revivre le titre de la maison d'*Yorch*. De plus, le théâtre de la révolte étoit un lieu où il ne pouvoit se transporter lui-même, sans risquer tout. Car la règle constante de ce prince, naturellement courageux, et qui d'ailleurs ne se fioit entièrement à qui que ce fût, étoit de se porter toujours en personne contre les rebelles, à la première nouvelle du soulèvement. En conséquence, le roi tint un conseil secret à la chartreuse de *Shine;* et de cette délibération sortirent trois principaux édits, portant,

1°. Que la reine douairière, pour avoir, contre la promesse formelle qu'elle avoit faite de donner *Elizabeth* sa fille, en mariage à *Henri* (alors *comte de Richemond*), tiré cette princesse de son asyle, et l'avoir livrée entre les mains du tyran *Richard*, seroit renfermée dans le monastère de *Bermondsey;* que toutes ses terres et tous ses revenus seroient confisqués au profit du trésor royal.

2°. Qu'*Edouard Plantagenet*, actuellement détenu à la tour, en seroit tiré pour être montré au peuple; qu'on le feroit paroître dans les lieux où le concours seroit le plus nombreux, afin de constater son existence, et de ne laisser aucun doute sur ce point. Le but du roi, dans ce second édit, étoit de détruire ces bruits injurieux qui faisoient soupçonner à toute la nation qu'il avoit fait mettre à mort secrètement ce jeune prince, bruits qui l'avoient rendu si odieux. Mais il vouloit encore, par ce moyen, détruire l'illusion que faisoit au peuple cette comédie qu'on jouoit alors en *Irlande*, en lui prouvant clairement que tout ce qu'on avoit avancé sur ce sujet, n'étoit qu'une imposture, et que ce *Plantagenet*, pour lequel il se passionnoit, n'étoit qu'un comédien et un aventurier.

3°. Qu'on proclameroit sous peu une abolition générale du passé, en faveur de ceux qui, à certain jour marqué, viendroient eux-mêmes avouer leurs fautes, et se soumettre à la clémence du roi ; qu'on donneroit toute l'étendue possible à cet acte d'abolition, et qu'on y comprendroit toutes les espèces de crimes de haute trahison, même envers la personne du roi. Un tel édit peut paroître étrange, à la première vue; mais ce prince avoit trop de prudence et de sagacité pour ignorer qu'il pouvoit, sans inconvénient, négliger les légères trahisons, mais qu'il avoit tout à craindre de celles de l'espèce la plus grave.

Ces trois édits du roi et de son conseil furent aussi-tôt mis à exécution ; la reine (douairière) fut en effet renfermée dans le couvent de *Bermondsey*, et tous ses biens furent confisqués au profit du roi. Le peuple fut étonné, et même indigné de voir procéder, d'une manière si rigoureuse et si arbitraire, contre une reine déja infirme et affligée de tant de disgraces. Elle avoit, à la vérité, cédé aux promesses et aux menaces d'un tyran ; mais cette faute étoit ancienne ; le roi qui, depuis tant d'années, n'avoit donné aucune marque de ressentiment à ce sujet, sembloit l'avoir entièrement oubliée : sans compter qu'il avoit épousé depuis la fille de cette princesse, et en avoit déjà eu un fils. On trouvoit donc étrange qu'il changeât ainsi tout-à-coup de sentimens à son égard, ou qu'il eût différé si long-temps sa vengeance.

Cette princesse fut un exemple mémorable de l'instabilité de la fortune, et d'une fréquente alternative de disgraces et de prospérités. En premier lieu, de l'état de suppliante et de veuve affligée, elle fut élevée au rang de reine; elle fut, dis-je, l'épouse d'un prince d'une rare beauté, et qui n'avoit pas encore été marié. Cependant l'éclat de cette fortune si brillante fut terni par quelques disgraces, sous le règne même d'*Edouard* son époux, qu'elle vit contraint de prendre la fuite, et dépouillé de son autorité pendant quelque temps : à ces prospérités on peut ajouter le double avantage d'avoir eu de ce prince un grand nombre d'enfans bien constitués, et d'avoir su conserver jusqu'à la fin la tendresse de son époux, par sa patience, sa douceur, et peut-être aussi par cette discrétion avec laquelle elle ferma les yeux sur les fréquentes infidélités de ce prince. Elle fut toujours excessivement attachée à sa famille ; attachement qu'elle outra au point d'en devenir factieuse ; ce qui lui attira la haine des plus proches parens du roi, qui croyoient que le sang royal étoit corrompu et souillé par ces mésalliances dont elle étoit la cause : à ces redoutables ennemis s'étoit joint *sir Hastings*, favori du roi, qui, malgré cette haute faveur dont il jouissoit auprès de son maître, ne laissa pas d'être souvent menacé d'une dernière disgrace, par les intrigues et les artifices de la reine. Après la mort du roi son époux, elle devint, en quelque manière, un sujet de tragédie (1) ; ayant eu le malheur de vivre

---

(1) Elle a été en effet le sujet de plusieurs tragédies *horriblement belles*.

assez pour voir son propre frère décapité, ses deux fils déclarés bâtards, et incapables de succéder à la couronne ; enfin, mis à mort cruellement. Mais, durant le cours de ces affreuses disgraces, elle ne laissa pas de jouir de sa liberté, des honneurs attachés à son rang, et de tous ses biens. Sur la fin de sa vie, la fortune lui redevint un peu plus favorable : elle eut pour gendre le roi même, et fut l'aïeule de l'héritier présomptif ; mais cette alliance même, si honorable, fut la véritable source de ses dernières disgraces : car, sans égard à des liens si sacrés, elle fut bientôt précipitée de ce haut rang, bannie du monde, et confinée, pour le reste de ses jours, dans un monastère, où l'on osoit à peine la visiter, et où elle mourut peu de temps après. Cependant elle fut, par l'ordre du roi même, ensevelie honorablement à *Windsor,* auprès du roi son époux : elle avoit fondé, à *Cambridge,* une maison d'éducation appellée depuis *le collège de la reine.* Ce procédé rigoureux du roi envers cette princesse excita parmi le peuple beaucoup de mécontentemens et de murmures, auxquels le roi, par la raison d'état, crut ne devoir faire aucune attention, et qui, d'ailleurs, furent adoucis pour lui par l'immense confiscation qu'il venoit d'obtenir.

Vers le même temps, *Edouard Plantagenet*, par ordre du roi, fut promené dans les principales rues et places de la ville de *Londres*, où tout le peuple eut la liberté de le voir; puis conduit en procession solemnelle dans l'église de *Saint-Paul*, où se trouva aussi le concours le plus nombreux, attiré par la curiosité. Le roi, soit pour faire honneur à ce jeune prince, soit pour remplir son principal objet, avoit aussi ordonné qu'un grand nombre de seigneurs et d'autres personnes de la première distinction, sur-tout celles que leur attachement à la maison d'*Yorck* rendoit moins suspectes à la nation, et qui connoissoient le mieux la physionomie et tout l'extérieur du vrai *Plantagenet*, l'accompagnassent et s'entretinssent familièrement avec lui. Cet heureux expédient eut tout l'effet que le roi en attendoit, et détrompa complètement la nation angloise, par rapport à l'aventurier qui règnoit en *Irlande*, sur-tout cette partie du peuple qui se trompoit de bonne foi, et non par indisposition contre le prince. Mais en *Irlande*, où cette prévention étoit beaucoup plus forte, et où les rebelles s'étoient trop avancés pour pouvoir reculer, il n'eut point ou presque point d'effet. Les *Irlandois*, loin d'ouvrir les yeux, osoient même rejeter sur le roi le reproche d'imposture, prétendant que ce prince, pour écarter de la succession au trône le véritable héritier, et pour faire illusion à la multitude, avoit supposé un jeune homme qui ressembloit à *Edouard Plantagenet*, et que, l'ayant fait vêtir de manière à augmenter cette apparente ressemblance, il l'avoit ainsi montré au peuple ; ayant même osé profaner une procession et les cérémonies du culte divin, pour donner plus de vraisemblance à cette comédie qu'il vouloit faire jouer.

Vers le même temps fut proclamé l'édit relatif à l'abolition générale, et le roi fit aussi-tôt mettre l'*embargo* sur tous les ports, pour empêcher les mécontens et les personnes suspectes de s'enfuir, par mer, en *Irlande* ou en *Flandre* (1).

Cependant les rebelles d'*Irlande* avoient envoyé, tant en *Angleterre* qu'en *Irlande*, de secrets agens qui leur avoient rendu d'importans services dans ces deux pays; car, en *Angleterre*, ils avoient su attirer à leur parti *Jean comte de Lincoln*, fils de *Jean de la*

---

(1) Mesure aussi judicieuse que celle d'un médecin qui, au lieu de purger son malade par haut ou par bas, ou de profiter d'une purgation spontanée, lui cachetteroit les deux orifices, et *renfermeroit ainsi le loup dans la bergerie*: loin d'empêcher l'émigration en pareil cas, il faut *faire un pont d'or à l'ennemi qui fuit*, et, au lieu de répercuter les humeurs vicieuses, *aider le corps politique à évacuer les mauvais citoyens*.

Pôle, duc de Suffolk, et d'Elizabeth, sœur aînée d'*Edouard IV*. Ce seigneur, distingué par son courage, ses grandes vues et l'élévation de ses sentimens, nourrissoit des prétentions très ambitieuses, fondées sur ce que *Richard III* avoit voulu faire en sa faveur ; car cet usurpateur, déterminé par la haine qu'il portoit à *Edouard IV* et au *duc de Clarence*, ses frères, ainsi qu'à leurs enfans, ayant trempé ses mains dans le sang de ces derniers, avoit eu le double dessein d'exclure de la succession au trône toute leur postérité (sous différens prétextes que nous avons fait connoître ci-dessus), et de déclarer son successeur, au cas qu'il vînt lui-même à mourir sans enfans, ce même comte dont nous parlons; toutes choses que le roi n'ignoroit pas : aussi faisoit-il observer secrètement toutes les actions de ce seigneur. Mais, comme l'emprisonnement d'*Edouard Plantagenet* lui avoit déja fait encourir la haine de la nation, il craignit de mettre le comble à ces mécontentemens, par la détention du *comte de Lincoln*, et il crut devoir ménager ce seigneur, qui pouvoit rivaliser avec *Edouard*, et balancer son influence. Cependant, si le comte prit si aisément part à la révolte d'*Irlande*, ce n'étoit pas qu'il fît fonds sur les succès de cet aventurier, qui en imposoit alors à toute cette île ; il sentoit assez qu'une telle illusion ne pouvoit durer ; mais il y fut déterminé par les lettres de *Marguerite, duchesse de Bourgogne*, qui promettoit des troupes auxiliaires, et qui s'étoit déclarée en faveur des rebelles ; ce qui donnoit plus de poids à ce parti, soit en l'accréditant, soit en augmentant réellement ses forces ; et quoique le comte eût d'abord compris que ce prétendu *Plantagenet* n'étoit qu'un aventurier, cette considération n'étoit rien moins qu'un motif suffisant pour le déterminer à rejeter les offres avantageuses de ce parti. Il aimoit même beaucoup mieux que ce prétendant ne fût qu'un imposteur, sachant bien qu'avec le temps, ce fantôme s'évanouiroit de lui-même ; mais espérant qu'il pourroit se servir de cet aventurier pour ruiner les affaires de Henri ; et ce point une fois gagné, se frayer à lui-même un chemin au trône, en faisant valoir son propre titre : telles furent les vues qui le déterminèrent. En conséquence, il fit voile pour *la Flandre*, où étoit aussi arrivé, peu de temps auparavant, le *vicomte de Lovel*, après avoir laissé en *Anglererre*, comme son agent, *sir Thomas Broughton*, qui avoit un parti considérable dans le *comté de Lancastre*, et avec lequel il entretenoit une secrète correspondance. Car, peu de temps auparavant, et au moment même où le faux *Plantagenet* étoit si favorablement accueilli en *Irlande*, comme nous l'avons dit, ses partisans avoient eu soin d'envoyer secrètement des couriers à la *duchesse Marguerite*, pour lui donner avis de ce qui s'étoit passé dans cette île, et pour implorer son secours en faveur d'une entreprise si juste, si sainte (disoient-ils), et dont la divine providence avoit, d'une manière si marquée, favorisé les commencemens; promettant de plus, avec serment, que, dans toutes leurs démarches, ils se conformeroient à la volonté de cette princesse, la regardant comme l'ame de l'expédition, et comme la suprême protectrice de tout le parti. *Marguerite*, sœur puînée d'*Edouard IV*, avoit été la seconde épouse de *Charles, duc de Bourgogne*, surnommé le *Hardi*. N'ayant point eu d'enfant de ce prince, elle donna toute sa tendresse à *Philippe* et à *Marguerite*, dont feu son époux étoit l'aïeul, et se signala par le soin qu'elle prit de leur éducation. Cette conduite généreuse lui concilia l'affection des Flamands, et lui acquit une grande autorité sur ces peuples. Cette princesse avoit toute la fermeté d'un homme, unie aux ruses et aux artifices de son sexe. Elle possédoit de grandes richesses, qu'elle devoit au douaire considérable qu'elle avoit eu de son époux, et à sa propre économie. Comme elle étoit sans enfans, et presque exempte de tout autre soin, elle n'avoit qu'un seul but, celui de voir encore une fois un prince de sa maison assis sur le trône d'Angleterre. Aussi, toutes ses pensées, toutes ses mesures et toutes ses actions tendoient-elles à la ruine de *Henri*. Ce fut de son cabinet que partirent tous les coups portés à ce prince, et il fut comme le foyer de toutes les révoltes excitées contre lui durant tant d'années. Elle avoit conçu une telle animosité contre toute la maison de *Lancastre*, et nommément contre la personne de *Henri*, que cette réunion si honorable, si desirée des deux maisons, et opérée, du moins en apparence, par le mariage de sa nièce avec ce prince, n'avoit pu l'adoucir. Elle étoit même indisposée contre cette nièce, à qui elle savoit mauvais gré d'avoir, par ce mariage même, aidé ce prince à se placer sur le trône et à s'y affermir. Elle saisit donc avec joie l'occasion que lui offroient les rebelles, pour satisfaire son ressentiment, et consentit à leurs demandes. Dans un con-

seil qu'elle tint avec *le comte de Lincoln*, le *vicomte de Lovel*, et quelques
autres, il fut arrêté que ces deux seigneurs passeroient en Irlande, et se rendroient auprès du nouveau roi, avec un
corps de deux mille *Allemands*, tous
vieux soldats, et commandés par *Martin
Swart*, officier distingué par son courage et son expérience ; car ils se croyoient
tous bien assurés qu'une fois que ce roi
imaginaire d'Irlande auroit toute l'apparence d'un souverain bien affermi, avec
un second tel que le *comte de Lincoln*,
et appuyé de ce secours de troupes étrangères, toutes choses qui augmenteroient
beaucoup la réputation du parti, ces
nouvelles répandues en *Angleterre* y en-
courageroient ceux qui les favorisoient
sous main, à se déclarer au moment où
leur petite armée débarqueroit, et à venir les joindre avec un renfort de troupes. Il fut de plus arrêté que, si cette expédition étoit couronnée par le succès,
on déposeroit le *faux Plantagenet*, pour
mettre en sa place le véritable ; car le

comte de Lincoln, qui avoit ses vues particulières, se flattoit qu'à l'époque où les choses en seroient venues à ce point, il se présenteroit à lui quelque occasion favorable pour aller à son propre but. Dès que ces troupes étrangères furent débarquées en *Irlande,* et réunies avec celles du pays, la vue de cette armée, qui, après cette jonction, sembloit complète, inspira aux partisans de *Simnel* une confiance excessive; ils ne doutèrent plus du succès; ils se promettoient les victoires les plus éclatantes; ils se vantoient, dans leurs entretiens, d'avoir, pour détrôner *Henri VII,* des forces très supérieures à celles que lui-même avoit employées pour abattre *Richard III.* Et comme personne en *Irlande* n'avoit tiré l'épée contre eux, ils en tiroient un heureux présage, par rapport à la manière dont ils seroient reçus en *Angleterre,* se flattant que les Anglois tiendroient aussi l'épée dans le fourreau, ou ne tarderoient pas à l'y remettre. La première démarche à laquelle les porta cette présomption, fut de *couronner,* dans la cathédrale de *Dublin, leur nouveau roi,* qui n'avoit encore été déclaré tel que par une simple *proclamation :* après quoi ils tinrent conseil pour délibérer sur le plan qu'ils devoient suivre dans l'expédition projetée. Le sentiment de quelques membres de cette assemblée fut qu'ils devoient commencer par fortifier le parti en *Irlande,* y consolider l'établissement, et choisir cette île même pour le théâtre de la guerre, attendu que, s'ils pouvoient y attirer *Henri* en personne, qui tôt ou tard seroit obligé de s'y transporter pour soutenir cette guerre, ils pourroient profiter de son absence pour exciter de grands troubles en *Angleterre,* y encourager leurs partisans secrets à lever le masque, et y opérer peut-être une révolution. Mais le royaume d'*Irlande,* qui étoit extrêmement pauvre, n'étant nullement en état d'entretenir une armée, encore moins de payer la solde de ces troupes étrangères, et les Irlandois, sur-tout les soldats qui, dans des temps de troubles et de révoltes, commandent à leurs officiers plutôt qu'ils ne leur obéissent, brûlant de s'enrichir des dépouilles de l'Angleterre, on fut obligé de se prêter à leur desir, et il fut décidé qu'on y transporteroit aussi-tôt toutes les troupes.

Le roi qui, à la première nouvelle de ce qui s'étoit passé en *Irlande*, avoit à peine daigné y faire attention, et s'étoit flatté que, d'*un coup de tambour*, il dissiperoit, comme en se jouant, toutes ces troupes irlandoises, ayant appris depuis, d'après des avis plus certains, que le *comte de Lincoln* s'étoit joint à ce parti, et que la *duchesse Marguerite* étoit l'ame de l'entreprise, eut enfin une juste idée du danger qui le menaçoit; il vit clairement qu'il ne s'agissoit pas moins pour lui que de sa couronne, et qu'il seroit encore une fois obligé de la disputer les armes à la main. Dans les premiers instans, et avant que d'avoir appris que le *comte de Lincoln* avoit pris le parti de passer en *Irlande*, ce prince conjecturoit que le royaume seroit attaqué de deux côtés à la fois ; savoir : du côté *oriental*, par les troupes de *Flandre*, et du côté *occidental*, par celles d'*Irlande*. En conséquence, après avoir donné ordre de lever des troupes dans ces deux parties en même temps, et nommé aussi deux généraux différens pour les commander ; savoir : *Gaspard, duc de Bedfort*, et Jean, *comte d'Oxford*; il résolut de s'y porter aussi en personne, pour peu que l'état des affaires rendît sa présence nécessaire dans l'un ou dans l'autre de ces deux cantons. Cependant, comme il ne craignoit, pour le moment, aucune invasion, attendu qu'on étoit alors en plein hiver, il se transporta dans les *comtés de Suffolk* et de *Norfolk*, pour maintenir dans le devoir les peuples de ces cantons. Lorsqu'il fut arrivé au bourg de *Saint-Edmond*, il apprit que le *marquis de Dorcester*, qui avoit été l'une de ses deux cautions à Paris, se rendoit près de sa personne, afin de se justifier de certaines accusations qu'on avoit intentées contre lui; mais quoiqu'il fût très disposé à l'écouter favorablement, cependant les circonstances délicates où il se trouvoit, ne lui laissant pas le temps d'éclaircir une affaire de cette nature, il donna ordre aussi-tôt au *comte d'Oxford* d'aller au-devant du marquis, et de le conduire à la *tour de Londres*, le chargeant en même temps de quelques paroles gracieuses pour calmer le ressentiment de ce seigneur, pour le rassurer en même temps, et l'engager à supporter avec patience ce désagrément passager, le roi n'ayant aucun mauvais dessein contre lui; enfin, de lui dire que cette mesure de précaution seroit utile au comte même, et le mettroit en sûreté, en le mettant dans l'heureuse impuissance de nuire aux affaires du roi, ou à sa propre fortune; que, d'ailleurs, le roi resteroit toujours maître de le dédommager et de réparer cette légère brèche qu'un emprisonnement momentané auroit pu faire à la réputation du marquis.

De *Saint-Edmond*, le roi se rendit à *Norwich*, d'où il alla, comme en pélerinage, *à Notre-Dame de Walsingham*, où il fit un vœu pour le succès de ses armes et la conservation de sa personne; après quoi il retourna à *Londres*, par *Cambridge*. Quelques jours après, les rebelles d'*Irlande*, avec leur roi, et commandés par les *comtes de Lincoln et de Kildare*, par *Lovel* et *Swart*, débarquèrent à *Fouldrey*, dans le *comté de Lancastre*. Ils furent aussi-tôt joints par *sir Thomas Brougthon*, avec une très petite troupe d'Anglois. A la nouvelle de leur débarquement, le roi, désormais assuré que cet orage ne se diviseroit point, et fondroit tout sur un seul et même lieu, avoit rassemblé d'assez grandes forces, et ayant pris avec lui les deux généraux qu'il avoit nommés précédemment; savoir : le *duc de Bedfort* et le *comte d'Oxford*, s'étoit avancé jusqu'à *Coventry*, dans le dessein de livrer bataille aux rebelles; d'où il envoya des coureurs à la découverte, avec ordre d'enlever quelques soldats écartés de l'armée ennemie, et par le moyen desquels il pût avoir une connoissance plus exacte de la position et des desseins des ennemis; ordre qui fut exécuté avec autant d'intelligence que de promptitude. Mais ce n'étoit, de sa part, qu'un surcroît de précaution, attendu qu'il ne manquoit pas d'espions et d'intelligences dans l'armée des rebelles.

Les rebelles marchèrent vers *Yorck*, sans faire de dégât dans les campagnes, ni commettre aucun acte d'hostilité, afin de se concilier plus aisément la faveur des peuples, d'inspirer à toute la nation angloise de la confiance pour leur roi, et de lui donner lieu de penser que ce prince ayant une ame vraiment royale, souhaitoit que ses sujets fussent épargnés; mais leur troupe ne grossissoit point en avançant. Dans les cantons par lesquels ils passoient, personne ne se joignoit à eux; et dans les autres parties du royaume, il ne se faisoit aucun mouvement en leur faveur. Cette indifférence du peuple de ces cantons pour les rebelles pouvoit être attribuée à l'épreuve qu'ils avoient déja faite de la prudence du roi et du bonheur de ses armes. Sans compter que la nation angloise auroit dédaigné d'accepter un roi de la main de ces *Irlandois* et de ces *Allemands,* l'armée des rebelles étant presque entièrement composée de soldats de ces deux nations. Il faut convenir aussi que les rebelles manquèrent de jugement et de prudence, en se portant d'abord dans ces provinces septentrionales. Car, quoique le peuple de ces cantons eût été, dans d'autres temps, très dévoué aux intérêts de la maison d'Yorck ; cependant c'étoit dans ces mêmes lieux que l'armée de *Lovel* s'étoit dissipée, et que le roi, par sa seule présence, avoit appaisé les mécontentemens, ramené les esprits et gagné l'affection du peuple ; évènemens qui étoient encore récens. Ainsi le *comte de Lincoln,* qui s'étoit flatté qu'à la première nouvelle de son débarquement, le peuple accourroit en foule se ranger sous ses enseignes, et qui, dans le cas où le peuple se seroit joint à lui, s'étoit proposé de tirer la guerre en longueur, voyant son attente trompée, et s'étant trop avancé pour pouvoir se retirer avec sûreté, se décida aussi-tôt à chercher l'armée royale pour lui livrer bataille. Dans ce dessein, il marcha vers *Newark*, espérant de pouvoir surprendre cette petite ville. Mais le roi, qui s'étoit avancé jusqu'à *Notthingam*, assembla son conseil de guerre qui flotta quelque temps entre deux plans opposés ; l'un, d'éviter la bataille et de gagner du temps ; l'autre, de tomber aussi-tôt sur les rebelles. Le roi lui-même, dont l'ame étoit remplie de défiance et d'inquiétudes qu'il ne communiquoit à personne, penchoit visiblement pour la bataille. Mais des renforts considérables qui vinrent joindre l'armée, au moment même de cette délibération, mirent fin à ces incertitudes. Ces renforts étoient, en partie, composés des troupes auxquelles le roi lui-même avoit envoyé l'ordre de le joindre, en partie, de volontaires, qui, des différentes provinces du royaume, se rendoient à l'armée royale.

Parmi ceux qui vinrent alors au secours du roi, les plus remarquables dans la haute noblesse étoient le *comte de Shrewsbury* et le *lord Strange*; à quoi il faut ajouter les chevaliers et les simples gentilshommes, montant au nombre de soixante-dix chefs, dont chacun avoit amené sa compagnie, ces troupes formant en tout six mille hommes, sans compter celles que le roi avoit amenées lui-même auparavant. Ce prince voyant son armée ainsi renforcée, et l'ardeur générale de tous pour le combat, se fortifia dans sa première résolution, qui étoit de livrer bataille. En conséquence, il alla camper entre le camp ennemi et la ville de *Newark*, pour ôter aux rebelles les secours ou les commodités qu'ils auroient pu tirer de cette ville. Cependant le comte, qui se trouvoit alors dans une situation assez difficile, ne perdit pas courage; il marcha vers le village de *Stoke*, et la nuit suivante campa sur le penchant d'une colline qui n'en étoit pas éloignée. Le lendemain, le roi rangea son armée en bataille dans la plaine située au pied de cette colline : le comte descendit de la hauteur avec le même courage, et l'on en vint aux mains. Les relations de cette bataille sont si maigres et si peu circonstanciées (quoique cet événement soit encore assez récent), qu'en nous apprenant quel fut le succès de cette journée, elles ne nous disent rien sur la manière dont on combattit. Quoi qu'il en soit, si nous devons en croire ces relations, le roi rangea son armée sur trois lignes; mais la première ligne, dont il avoit eu soin de renforcer les ailes, fut la seule qui chargea. On combattit avec tant de fureur et d'acharnement, que la victoire flotta pendant trois heures entre les deux partis. Mais, comme la première ligne de l'armée royale soutint seule tout l'effort de l'ennemi, les deux autres étant demeurées comme spectatrices oisives, il étoit aisé de prévoir l'issue du combat. Au reste, *Martin Swart* et ses Allemands, auxquels s'étoient joints quelques Anglois, se signalèrent dans cette bataille. Les Irlandois firent aussi très bien leur devoir ; mais, comme ils étoient très mal armés, n'ayant que l'arc et l'épée, leur défaite fut plutôt un massacre que la suite d'un vrai combat ; et la boucherie qu'on en fit sembloit devoir faire perdre courage aux autres. Les principaux chefs des rebelles, savoir, *les comtes* de *Lincoln* et de *Kildare, Lovel, Martin Swart* et *sir Thomas Broughton*, demeurèrent sur la place, ayant combattu avec le plus grand courage jusqu'au dernier soupir ; et n'ayant pas même été tentés de faire retraite. On prétend que *Lovel* prit la fuite, et qu'il voulut traverser à la nage sur son cheval la rivière de *Trente* ; mais, que n'ayant pu gravir la rive qui étoit fort escarpée, il se noya. D'autres disent qu'il se retira dans une grotte, où il vécut encore plusieurs années. La perte des rebelles fut de quatre mille hommes. Le roi perdit environ la moitié de sa première ligne, sans compter un grand nombre de blessés ; mais il ne perdit aucun officier distingué. Parmi les prisonniers se trouvèrent le faux *Plantagenet*, redevenu *Lambert Simnel ;* et ce prêtre artificieux, qui avoit été son *pédagogue*, et l'avoit si bien instruit : le roi ne voulut pas faire mettre à mort *Lambert*, soit que, par le mouvement de sa générosité naturelle, il ne daignât pas sévir contre ce malheureux, qui n'avoit été que la machine du parti rebelle ; soit que, portant sa vue dans l'avenir, il jugeât que, s'il le faisoit exécuter, la mémoire de cet évènement seroit trop promptement effacée ; au lieu que, s'il épargnoit ce jeune homme, il serviroit long-temps de spectacle à la nation, et d'épouvantail à ceux qui, à l'avenir, seroient tentés de jouer de telles comédies. En conséquence il le prit à son service ; mais il ne l'employa qu'aux offices les plus vils de sa cuisine. *Simnel* fut un nouvel exemple de la manière dont la fortune se joue quelquefois des infortunés mortels; car on vit alors un homme qui avoit porté la couronne, passer ensuite une partie de sa vie à tourner la broche (1). En quoi ce prince sembla faire une disposition tout opposée à la marche ordinaire de la fortune, *qui donne rarement la comédie (la petite pièce), après la tragédie.* Néanmoins dans la suite il tira *Simnel* de cette cuisine, et l'éleva un peu en le mettant au nombre de ses *fauconniers* (2). Quant au

---

(1) Il paroît que l'idée de Henri VII étoit de donner à ce jeune homme une fonction qui fût l'emblême du rôle qu'il venoit de jouer dans cette révolte; car c'étoit bien *Simnel* qui *tournoit la broche* pour les rebelles, mais ce n'étoit pas lui qui devoit *manger le rôt.*

(2) Ce rôle, quoiqu'un peu moins ignoble que l'autre, avoit toutefois la même signification ; car en exerçant sa fonction de *fauconnier*, il *aidoit à prendre du gibier dont il ne devoit pas goûter.*

prêtre (*Simon*), il fut resserré si étroitement dans je ne sais quel cachot, qu'on ignore ce qu'il devint; le roi étant porté par caractère *à tenir, pour ainsi dire, sous son cachet, tout évènement qui l'avoit mis en danger.*

Après cette bataille, le roi se rendit à *Lincoln*, où il fit rendre de solemnelles actions de graces à Dieu, pour sa victoire et la conservation de sa personne. Mais, afin qu'il ne manquât rien à sa pieuse gratitude, il consacra sa propre bannière dans l'église de *Notre-Dame de Walsingham;* voulant s'acquitter de son vœu dans le lieu même où il l'avoit fait. Ainsi, délivré de ce piège que la fortune lui avoit tendu, il retomba dans sa première sécurité; s'imaginant que tous ces dangers dont il avoit été menacé, avoient fondu sur lui tous à la fois, et qu'il n'avoit plus d'orages à craindre. Mais les évènemens ultérieurs furent moins conformes à ses espérances qu'aux présages du vulgaire, qui, à l'avènement de ce prince au trône, avoit prédit que *son règne seroit pénible, vu qu'il avoit commencé par une fièvre accompagnée de grandes sueurs* (1). Cependant, quoique le roi semblât se croire déja au port, cette sécurité ne lui ôtoit pas toute prévoyance, sur-tout par rapport aux temps peu éloignés. C'est pourquoi, éveillé par un danger si récent et si imprévu, il songea aux moyens de couper toutes les racines de cette dernière insurrection, et d'étouffer toute semence de révolte, en ôtant aux mécontens toute retraite et tout refuge où ils auroient pu exciter ou fomenter de nouveaux troubles. Dans cette vue, il quitta *Lincoln* et retourna dans les provinces septentrionales ; voyage où il eut plutôt l'air d'un juge sévère qui fait sa tournée, que d'un souverain qui visite ses provinces. Car, dans tous les lieux où il passoit, il faisoit faire une recherche rigoureuse de tous ceux qui avoient

---

(1) Sans doute ; mais il s'agissoit de savoir si ce prince sueroit lui-même, ou feroit suer son peuple.

assisté en personnes, ou favorisé sous main les rebelles; attribuant la connoissance des délits de cette espèce, tantôt à son conseil de guerre, tantôt aux tribunaux ordinaires; et il fit châtier sévèrement tous ceux qui furent convaincus d'une manière ou de l'autre. Cependant, jugeant qu'il y avoit eu déjà assez de sang répandu dans la bataille, il laissoit la vie à la plupart de ces criminels; *mais s'il épargnoit leurs personnes, il n'épargnoit pas leur bourse,* et, suivant sa coutume, il profitoit de l'occasion pour remplir ses coffres. Entre autres chefs d'accusation, qui étoient le sujet de ces poursuites, il fit rechercher très soigneusement tous ceux qui, avant la bataille, avoient contribué à répandre cette fausse nouvelle: *que les rebelles avoient remporté la victoire, et que le roi ayant été défait avec toute son armée, avoit été réduit à prendre la fuite;* supposant que, par ce faux bruit, ils avoient refroidi et retenu dans leurs maisons une grande partie de ceux qui, étant dévoués aux intérêts du prince, vouloient marcher à son secours. Quoique cette accusation ne fût pas tout-à-fait dénuée de fondement, ceux qui ne s'étoient portés qu'avec lenteur à défendre les intérêts du roi, et qui se sentoient coupables à cet égard, feignant d'y ajouter foi, et se saisissant de ce prétexte pour pallier leur peu de zèle et d'activité, lui donnèrent ainsi plus de force qu'elle n'en auroit eu sans cela. Quoique le roi ne fût pas dupe de cette affectation, il voulut bien paroître content de ceux qui alléguoient cette sorte d'excuse, à la réserve de certaines personnes qu'il remarqua, mais en dissimulant, à son ordinaire, son ressentiment contre elles.

Quant aux moyens de prévenir toute insurrection de cette espèce, et de couper la racine du mal, le roi, éclairé par l'expérience, sentit enfin ce qu'il y avoit de répréhensible dans sa conduite, et comprit que la vraie source de tous ces mécontentemens n'étoit autre que *son acharnement contre la maison d'Yorck,* et les mesures qu'il prenoit sans cesse pour l'abaisser. Devenu désormais, à ses propres dépens, trop sage pour mépriser les dangers, ou négliger les précautions nécessaires, et voulant faire quelque démarche d'éclat, mais de pur cérémonial, pour ramener les esprits et recouvrer l'affection de ses sujets, il se détermina enfin à faire couronner la reine au plutôt. En conséquence, il retourna sur-le-champ à *Londres*, où il fit une entrée magnifique, qui avoit toute l'apparence d'un triomphe, et employa deux jours entiers à de solemnelles actions de graces pour la victoire qu'il venoit de remporter. Le premier jour, il se rendit à l'église de *Saint Paul*, où il fit chanter le *Te Deum*. Le lendemain, il suivit une procession solemnelle, et alla entendre le sermon *à la croix de Saint Paul.* Puis il fit couronner la reine à *Westminster,* avec toute la pompe et la magnificence convenables. Ce couronnement n'ayant eu lieu que le 25 novembre 1487, la troisième année de son règne, et environ deux ans après son mariage, pouvoit être regardé *comme un baptême qui avoit été un peu trop tardif, parce qu'il avoit trop long-temps attendu les parreins.* Ce délai si long et si étonnant fut généralement attribué à ses vrais motifs ; on jugea que cette cérémonie déplaisant fort à ce prince, il avoit enfin été contraint à l'ordonner, par pure politique et par une sorte de nécessité. Peu de temps après, voulant persuader à la nation que le calme étoit parfaitement rétabli, et que l'emprisonnement du *marquis de Dorcester* étoit plutôt une simple mesure de circonstance, qu'une précaution contre la personne de ce seigneur, il lui rendit la liberté, sans exiger de lui aucune justification, ni aucun autre genre de satisfaction. Vers le même temps, il envoya au *pape* une ambassade pour lui faire part de son mariage, et l'informer de l'état heureux de ses affaires et du calme dont il jouissoit après tant d'orages. Il remercioit en même temps sa sainteté d'avoir bien voulu que le *nonce* honorât son mariage de sa présence ; il lui faisoit l'offre de sa personne et de toutes les forces de son royaume, pour l'exécution de ses commandemens.

Cet ambassadeur haranguant le pape à ce sujet, en présence de tous les cardinaux, fit un éloge si pompeux et si emphatique du roi et de la reine, que son discours en devint fastidieux pour tous les auditeurs : mais lorsqu'il voulut faire aussi le panégyrique du souverain pontife, il l'éleva si haut, faisant de lui une sorte d'apothéose, que l'éloge qu'il avoit fait d'abord de ses maîtres, parut modéré et supportable. Quoi qu'il en soit, le pape lui avoit fait un accueil très honorable, et le traita de même à son audience de congé. Car, ce pontife ne pouvant se dissimuler sa propre inertie, et n'ignorant pas qu'on le regardoit dans toute la chrétienté comme un homme tout-à-fait nul, étoit charmé d'apprendre qu'on eût une si haute idée de lui dans un royaume éloigné. L'ambassadeur obtint aussi du pape une bulle aussi juste qu'honorable, et qui contenoit trois articles principaux, tendant à restreindre les privilèges des asyles qui avoient tant d'inconvéniens pour le roi.

Cette bulle portoit, 1°. que si le réfugié, étant sorti de son asyle durant la nuit, et en général clandestinement, se rendoit coupable de quelque nouveau délit, et y rentroit ensuite, il ne pourroit plus profiter du privilège de cet asyle.

2°. Que la personne du réfugié seroit à l'abri des poursuites de ses créanciers, mais que ses biens, du moins ceux qui se trouveroient hors de l'asyle, ne jouiroient point de cette franchise.

3°. Que, si un homme, accusé du crime de lèze-majesté, se retiroit dans un asyle, le roi auroit pouvoir de lui donner des gardes dans l'asyle même, et de l'y faire observer.

Le roi, avant son entrée à Londres, et durant le séjour qu'il fit à *Newcastle,* envoya une ambassade solemnelle au *roi d'Ecosse*, pour traiter de la paix avec ce prince; non qu'il craignît de sa part des actes d'hostilité, mais pour assurer la tranquillité de ses propres états, pour s'affermir sur le trône, et pour ôter une ressource aux séditieux ou autres mécontens dont le royaume étoit rempli, et qui n'avoient que trop de facilités pour se réfugier en Ecosse; royaume qui ne dépendoit pas de lui, comme les ports qu'il avoit fait fermer. Ses ambassadeurs étoient *Richard Fox*, évêque d'*Excester*; et *sir Richard Edgecomb*, contrôleur de la maison du roi. Ils furent très bien reçus du roi d'Ecosse; mais ce prince, qui étoit atteint de la même maladie que Henri (la sienne toutefois étant plus dangereuse et plus mortelle, comme on le verra par la suite), je veux dire, dont les sujets très indisposés contre sa personne, étoient toujours prêts à exciter des troubles, ne put se prêter entièrement aux desirs de Henri; et, quoique lui-même il souhaitât la paix, cependant, sachant que les grands de son royaume y étoient très opposés, et craignant de les irriter, il ne voulut conclure qu'une simple trève pour sept ans, mais en promettant secrètement aux députés de la renouveller de temps en temps, durant la vie des deux princes.

Jusqu'à cette époque, le roi avoit été tellement occupé à s'affermir sur le trône, et à étouffer des révoltes au dedans, qu'il n'avoit pas eu le loisir de s'occuper des autres états; mais alors il fut obligé de porter ses regards au dehors.

Charles VIII étoit alors roi de France : à son avènement au trône, ce royaume, par le courage de *Charles VII*, son aïeul, et l'habileté de *Louis XI*, son père, étoit beaucoup plus florissant qu'il ne l'avoit été depuis plusieurs siècles, et son territoire s'étoit prodigieusement accru : car ces grandes provinces, qui, après en avoir long-temps fait partie, en avoient été violemment détachées (et que les princes qui s'en étoient rendus maîtres, ne possédoient pas seulement à *foi et hommage*, comme *vassaux*, mais dont ils avoient le *domaine réel*, et où ils exerçoient un pouvoir égal à l'autorité royale), je veux dire, l'*Anjou*, la *Normandie*, la *Provence* et la *Bourgogne;* ces provinces, dis-je, avoient été réunies à la couronne de France; et il ne restoit plus qu'à y réunir aussi la *Bretagne*, pour que ce royaume eût recouvré toute son ancienne étendue.

Le roi *Charles*, qui ne manquoit pas d'ambition et de cupidité, brûloit du désir d'achever ce grand ouvrage, en réunissant à sa couronne ce vaste et important duché : ambition très louable, très judicieuse, fondée sur la connoissance des vrais intérêts de son royaume, et bien différente de celle qui lui fit entreprendre, dans la suite, des expéditions en *Italie*. Au commencement de son règne, il étoit gouverné par les conseils de son père; par ses *conseils*, dis-je, et non par ses *conseillers;* car ce prince défiant n'en avoit jamais eu d'autre que lui-même; vu d'ailleurs qu'il n'avoit auprès de lui aucun personnage assez habile pour mériter sa confiance (1).

Charles n'ignoroit pas que ce prince, qui avoit toujours eu de l'éloignement pour les guerres d'*Italie*, avoit jeté les yeux sur la *Bretagne*. Les circonstances étoient favorables au dessein de son fils, et plus d'un motif lui faisoit espérer un heureux succès. *Le duc de Bretagne*, déja fort avancé en âge, d'un caractère foible, et alors dirigé par des conseillers intéressés, n'avoit d'autres enfans que deux filles, dont l'une étoit valétudinaire, et paroissoit ne pouvoir vivre long-temps ; au lieu que *Charles* étoit dans la fleur et dans la force de l'âge. La *France* avoit alors (eu égard au temps) d'assez grandes forces militaires, soit

---

(1) Notre auteur oublie ici qu'il a dit, dans l'ouvrage précédent, que *Louis XI* (sur la fin de son règne) avoit auprès de lui *Philippe de Comines*, personnage plus savant et plus prudent que ce prince.

par rapport à l'habileté des généraux, soit quant au courage des soldats, dont la plupart avoient servi dans les guerres de *Bourgogne*. Ce prince considéroit de plus qu'il étoit en paix avec tous ses voisins. Quant à ceux qui pouvoient mettre obstacle à ses desseins, *Maximilien,* roi des Romains, et son principal concurrent, soit pour la possession du duché, soit pour la main de la fille du duc, étoit hors d'état de rien entreprendre, faute d'argent. De plus, *Henri* avoit de si grandes obligations à *Charles,* qui l'avoit secouru efficacement dans ses disgraces, qu'il n'auroit pu avec honneur le traverser dans ses desseins, et les fréquentes révoltes de ses sujets lui donnoient trop d'occupation dans ses propres états, pour lui en laisser le loisir. Enfin, les conjonctures actuelles offroient à *Charles* le plus spécieux prétexte qu'il pût souhaiter pour colorer son ambition, et déclarer la guerre à la *Bretagne*. Le duc régnant donnoit asyle au *duc d'Orléans,* et à plusieurs autres seigneurs français qui avoient porté les armes contre leur souverain. Le roi de France n'ignoroit pas que *Henri VII* étoit le prince dont il devoit le plus redouter l'opposition, et que, s'il prenoit le parti de se joindre au *duc de Bretagne* contre lui, il ne manqueroit point de motifs ou de prétextes pour justifier cette conduite ; tels que l'intérêt de ses propres états, la nécessité d'empêcher la France de s'agrandir excessivement ; enfin, celui de sa reconnoissance envers le duc auquel il avoit des obligations, ainsi qu'à lui : en conséquence, dès qu'il eut appris que Henri, par sa dernière victoire, n'avoit plus rien à craindre de la part des rebelles, et s'étoit bien affermi sur le trône, il envoya des ambassadeurs pour lui demander son alliance, ou du moins une neutralité absolue. Ces envoyés rencontrèrent le roi près de *Lancastre*; et au lieu d'entamer d'abord l'affaire dont ils étoient chargés, ils lui firent part des succès de leur maître, lui annonçant qu'il avoit repris sur *Maximilien* certaines villes dont ce prince s'étoit emparé. Le but de ce préambule familier étoit de persuader au roi que *Charles* ne le traitoit pas simplement en ami d'apparat et en allié, mais qu'il en usoit avec lui comme avec un ami intime, croyant devoir lui communiquer tous ses sentimens, et se féliciter avec lui de ses propres succès ; puis ils félicitèrent le roi lui-même de la victoire qu'il venoit de remporter, et qui avoit entièrement abattu le parti rebelle : enfin, ils en vinrent au sujet même de la députation. Le roi notre maître, dirent-ils, a été forcé par une vraie nécessité à entreprendre *cette guerre,* pour chasser de la Bretagne ses sujets révoltés, auxquels le duc avoit donné asyle et des secours de toute espèce. Ces rebelles ne sont rien moins que des hommes de basse extraction et nécessiteux, qui soient allés mendier les secours du duc de Bretagne ; ce sont des hommes du plus haut rang, et dont la conduite montre assez que leur but n'est pas simplement de rétablir leur propre fortune, mais d'attaquer celle de leur souverain, et de le détrôner; leur chef étant le *duc d'Orléans*, premier prince du sang, et l'héritier présomptif de la couronne. A proprement parler, cette guerre, du côté de notre maître, est plutôt défensive qu'offensive, et il ne pouvoit l'éviter qu'aux dépens de son honneur et de sa couronne même : le véritable aggresseur n'est pas toujours celui qui porte le premier coup, un prince étant souvent obligé, pour sa propre sûreté, de prévenir son ennemi, mais celui qui a provoqué l'autre, et fait le premier des préparatifs de guerre ; l'armement de *Charles* ne peut, selon les règles du droit des gens, être qualifié de guerre avec un ennemi proprement dit, mais de simple mesure pour étouffer une révolte, attendu qu'il s'agit de seigneurs rebelles et traîtres envers le roi de France, soutenus et protégés par le duc de Bretagne, son feudataire : le roi d'Angleterre pensera sans doute que la conduite de tout prince qui, contre les loix des nations et contre la foi des traités, soutient les rebelles d'un état voisin, est d'un très dangereux exemple. Notre maître n'ignore pas que le roi d'Angleterre a quelques obligations au duc de Bretagne, et qu'il peut prendre en considération les services qu'il en a reçus; mais, d'un autre côté, ce prince pense que votre majesté n'aura pas non plus oublié les services qu'il a eu le bonheur de vous rendre dans un temps où le duc et ses conseillers mercenaires vous avoient totalement abandonné, pour ne pas dire trahi; que vous saurez mettre une grande différence entre ces deux genres de services, ceux du duc pouvant avoir eu pour motif la raison d'état et la seule utilité; au lieu que ceux de Charles n'ont eu pour principe que son affection pour votre personne même, attendu qu'à en juger par les règles de la politique ordinaire, il lui auroit été beaucoup plus avantageux de laisser sur le trône d'Angleterre un tyran odieux à toute la nation, et continuellement menacé de révoltes, qu'un prince que ses vertus rendroient nécessairement très puissant, pour peu que son expédition fût heureuse. Mais, quelqu'idée que le roi d'Angleterre puisse se faire de ses obligations au duc de Bretagne, le roi notre maître ne peut se persuader que ce prince soit disposé à s'écarter des voies de la justice, en embrassant une cause aussi injuste que celle qui est appuyée par le duc; le roi de France, n'ayant dans cette guerre d'autre but que celui de garantir sa personne des dangers dont elle est menacée, espère que ce prince ne l'aidera pas avec moins de zèle et d'affection à conserver ses états, qu'il ne l'a aidé lui-même à se mettre en possession du trône; ou il espère du moins que sa majesté, fidelle à ce penchant qu'elle a toujours témoigné pour la paix, se contentera d'être simple spectatrice de cette querelle, et embrassera le parti de la neutralité; le roi notre maître étant trop juste pour vouloir engager dans une nouvelle guerre un prince qui, délivré depuis peu des révoltes et des séditions, n'a pas encore eu le temps de respirer. Tel fut en substance le discours de ces envoyés, qui eurent la discrétion de ne pas dire un seul mot sur ce projet mystérieux qui avoit pour objet la réunion de la Bretagne à la couronne de France, soit par la voie des armes, soit par un mariage avec l'héritière de ce duché. C'étoit pour eux une sorte d'écueil qu'ils évitèrent avec beaucoup d'adresse, sachant assez que, s'ils avoient l'indiscrétion de toucher cette corde, toutes leurs demandes seroient rejetées; ils s'efforcèrent, au contraire, de persuader au roi que leur maître étoit bien déterminé à épouser la fille de *Maximilien*; et qu'il étoit alors uniquement occupé de son expédition en Italie; expédition où il devoit se porter en personne pour faire valoir ses droits sur le royaume de *Naples*; insinuations dont le vrai but étoit d'ôter à *Henri* toute défiance et toute inquiétude par rapport à la guerre de *Bretagne*, et de lui faire entendre que le roi leur maître, en attaquant ce duché, n'avoit d'autre dessein que celui d'étouffer promptement une révolte qui, à la longue, pouvoit s'étendre sur ses propres états.

Le roi, après avoir communiqué cette affaire à son conseil, répondit lui-même aux ambassadeurs. Il débuta, comme eux, par un compliment, et leur dit qu'il apprenoit avec joie que le roi de France avoit recouvré les places dont *Maximilien* s'étoit emparé; puis, s'entretenant familièrement avec eux, il leur raconta quelques particularités touchant ses malheurs passés, et les victoires dont ils avoient été suivis. Quant à l'affaire de Bretagne, il leur répondit en peu de mots que le roi de France et le duc de Bretagne étoient les deux princes auxquels il avoit le plus d'obligations; qu'en conséquence, il regarderoit comme un vrai malheur pour lui-même, le différent survenu entre eux, s'il étoit porté au point de le mettre dans l'impuissance de s'acquitter de la reconnoissance qu'il devoit à l'un et à l'autre ; que le parti le plus convenable qu'il pût prendre en cette occasion, pour remplir tous ses devoirs envers Dieu et les hommes, à titre de prince chrétien et d'ami commun de ces deux princes, c'étoit de leur offrir sa médiation; qu'il ne doutoit point que le roi, leur maître, ne pût garantir beaucoup mieux ses états, sa couronne et son honneur, par le moyen d'un traité de paix, que par la voie des armes; qu'en choisissant la première de ces deux voies, il s'épargneroit beaucoup de risques et de dépenses, en donnant aussi moins d'inquiétude et de jalousie à ses voisins ; que, de son côté, il n'épargneroit ni soins, ni temps, ni dépenses, pour exercer dignement une fonction si louable et si sainte; qu'au reste, une affaire si importante, et qui le touchoit de si près, exigeant les plus sérieuses réflexions, et fixant toute son attention, il s'expliqueroit plus amplement par la bouche des ambassadeurs qu'il ne tarderoit pas à envoyer au roi de France : après cette réponse, il congédia ces députés ; réponse où, comme l'on voit, il ne dit pas non plus un seul mot sur la réunion de la Bretagne à la couronne de France ; si l'on en excepte ces mots de *jalousie* et d'*inquiétude,* qui pouvoient s'y rapporter indirectement, et à l'aide desquels il laissoit deviner ce qu'il ne vouloit pas dire. Le roi étoit trop pénétrant et trop bien informé, pour ne pas voir que le véritable dessein de Charles étoit de s'emparer de la Bretagne ; cependant il n'étoit nullement disposé à entreprendre une guerre contre la France, quoiqu'il dissimulât sur ce point, et affectât des dispositions toutes contraires ; et quant à cette guerre même, il en auroit préféré l'apparence à la réalité, persuadé que la première pouvoit l'enrichir, et la dernière l'appauvrir. D'ailleurs, il n'étoit pas encore assez assuré de l'affection de ses sujets, pour oser leur mettre ainsi les armes à la main. Cependant, comme ce prince n'étoit pas moins courageux que prudent, il ne craignoit pas assez la guerre pour vouloir acheter la paix à tout prix, et il étoit bien déterminé à tout risquer, plutôt que de souffrir que *Charles* envahît la Bretagne, sachant assez que l'étendue, l'opulence et la situation de ce duché, pourroient donner à un roi de France de grandes facilités pour incommoder l'Angleterre, soit par une guerre ouverte, soit en troublant son commerce. Mais il se rassuroit par la considération des différentes causes qui sembloient concourir à faire échouer cette entreprise, 1°. Cette insouciance même, et cette légèreté de caractère qu'on reproche ordinairement à la nation française (1). 2°. Les

___

(1) A la vérité, on reproche assez généralement à la nation française *de ne savoir remporter une victoire que les armes à la main, et de se laisser presque toujours battre dans le cabinet ; de perdre, d'un coup de plume, ce qu'elle a gagné par l'épée :* voilà les *paroles,* mais voici les *faits :* à ces reproches opposons, 1°. toutes les opérations de *Charles V ;* 2°. presque toutes celles de *Louis XI ;* 3°. celles dont la réunion de la *Bretagne* à

forces naturelles du duché, qui étoient assez grandes par elles-mêmes, et le seroient encore plus, lorsque le duc de Bretagne seroit appuyé du duc d'Orléans, qui, ayant en France un parti très puissant, pourroit toujours, en excitant des troubles dans ce royaume, traverser les desseins que Charles avoit sur la Bretagne; enfin, la puissante opposition de *Maximilien*, concurrent de *Charles* : il espéroit, dis-je, que, par le concours de ces différentes causes, cette entreprise pourroit échouer, ou se terminer par une bonne paix. Ces con-

---

la couronne fut le résultat; 4°. la grande ligue que *Henri IV* et son ministre *Sully* formèrent contre la maison *d'Autriche*; 5°. les trois chef-d'œuvres du *cardinal de Richelieu*; 6°. les négociations dont la succession du *duc d'Anjou* au trône d'Espagne fut le fruit; 7°. celles qui viennent de nous donner la paix, etc. à quoi l'on pourroit ajouter la paix de 1763, négociée par le *duc de Nivernois*. Le véritable défaut de cette nation est de *trop embrasser*, et de *vouloir tout faire à la fois*.

jectures, assez plausibles, furent toutefois démenties par l'évènement, et les espérances du roi furent trompées. Ce prince, conformément à son plan, députa vers *Charles, Christophe Urswich*, son aumônier, dont il avoit éprouvé la prudence et la fidélité, dans le grand nombre d'affaires dont il l'avoit chargé. Il avoit choisi, de préférence, un ecclésiastique, parce qu'il pensoit qu'un homme de cet état n'en seroit que plus propre pour une négociation tendante à une pacification. Il avoit ordre, dans le cas où le roi de France consentiroit à un traité de paix, de se rendre aussi auprès du duc de Bretagne, pour lui faire les mêmes propositions; de ne point quitter l'un ou l'autre de ces deux princes, et de ne rien négliger pour les amener à la conclusion du traité. Lorsque Urswich exposa le sujet de sa commission devant le roi de France, il ne lui fit que des propositions conformes à la réponse que son maître avoit faite aux ambassadeurs français; discours où il hazarda, avec assez d'adresse, quelques ouvertures tendantes à faire rentrer en grace le duc d'Orléans, et à ménager un accord où fussent comprises toutes les parties intéressées dans ce différent. Mais *Charles*, qui agissoit de très mauvaise foi dans toute cette négociation, ne voulant que gagner du temps, et empêcher les Anglois d'envoyer du secours au duc de Bretagne, jusqu'à ce que l'armée française eût envahi tout le duché, répondit à l'envoyé de *Henri* qu'il s'en rapporteroit à la décision du roi d'Angleterre; qu'il remettoit tous ses intérêts entre les mains de ce prince, et le constituoit arbitre de la paix ou de la guerre. Il trouva bon qu'*Urswich* se rendît en Bretagne, pour notifier au duc ses intentions, et connoître celles de ce prince. Il prévoyoit que le duc d'Orléans, qui alors gouvernoit la cour de Bretagne, sentant bien qu'il seroit sacrifié dans un tel traité, et qu'il ne devoit pas se flatter de pouvoir rentrer en grace auprès de son souverain, s'opposeroit de toutes ses forces à la paix. *Charles*, en affectant ainsi des dispositions pacifiques, espéroit gagner deux points; l'un, de voiler ses ambitieux desseins, en acquérant une réputation de justice et de modération; l'autre, de gagner l'affection et la confiance de *Henri*, en paroissant se soumettre entièrement à son arbitrage. Mais le principal avantage qu'il vouloit tirer de cette conduite artificieuse, étoit de persuader à ce prince que, si, en acceptant sa médiation, il ne désarmoit pas, et négocioit les armes à la main, ce n'étoit que pour vaincre l'obstination du parti contraire, et le forcer d'accéder au traité de paix. Or, en amusant ainsi *Henri*, et prolongeant son illusion, il espéroit qu'il pourroit faire durer la négociation jusqu'à ce que la guerre fût terminée, et qu'il fût entièrement maître du duché.

Ces conjectures de *Charles* (1) étoient

---

(1) Le lecteur doit observer que notre auteur, assez mal instruit de l'état où se trouvoit alors la

beaucoup mieux fondées que celles de *Henri*, et le succès répondit à la justesse de ses vues : car, à l'arrivée de l'ambassadeur d'Angleterre à la cour de Bretagne, le duc étant alors tombé dans une espèce d'enfance, le duc d'Orléans, disposoit de tout, et fut lui-même chargé de donner audience à Urswich. Lorsque cet envoyé exposa le sujet de sa commission, il lui répondit avec assez de hauteur, que le duc de Bretagne, qui, durant la première jeunesse et les disgraces de Henri, avoit été son hôte, son protecteur, et même lui avoit

---

cour de France, attribue ici à *Charles VIII* une politique dont ce jeune prince étoit incapable, et que toute cette entreprise étoit entièrement dirigée par *Anne de Beaujeu*, fille de *Louis XI*, régente de France, et tutrice de *Charles* : le duc d'Orléans, humilié de la préférence que *Louis XI* avoit donnée à cette habile princesse sur lui, avoit tenté plusieurs fois en vain de ruiner l'autorité de cette régente ; et c'étoit après ces tentatives malheureuses qu'il avoit pris le parti de se retirer à la cour de Bretagne.

tenu lieu de père, avoit eu droit d'espérer que, dans ses propres disgraces, un prince d'une aussi grande réputation que Henri, lui auroit envoyé de bonnes troupes, au lieu d'une simple médiation et de vaines propositions de paix; que si les bienfaits du duc de Bretagne étant entièrement oubliés, la reconnoissance de Henri n'étoit pas suffisante pour l'attacher aux intérêts de son bienfaiteur, il espéroit du moins qu'un prince d'une prudence aussi consommée que le roi d'Angleterre, sentiroit enfin combien il importoit à sa propre sûreté et à sa réputation, soit chez les étrangers, soit dans ses propres états, de ne pas souffrir que la Bretagne, dont les ducs étoient les plus anciens alliés de l'Angleterre, fût comme engloutie par la France ; que tant de ports commodes et de villes fortifiées sur les côtes de ce duché, tombassent au pouvoir d'un prince voisin, et l'éternel ennemi des Anglois : enfin, que ce duché, par sa réunion à la couronne de France, servît à augmenter si prodigieusement les forces de ce royaume, déja si redoutable ; qu'en conséquence, il supplioit humblement le roi d'Angleterre de prendre de nouveau en considération une affaire si importante, et de se bien persuader qu'il s'y agissoit de ses propres intérêts. Après cette réponse, le duc d'Orléans rompit la conférence, et ne voulut plus entendre un seul mot sur ce sujet.

Urswich retourna aussi-tôt auprès du roi de France, auquel il rapporta la réponse qu'on lui avoit faite au nom du duc: Charles, voyant que les choses prenoient le tour qu'il avoit prévu, et voulant tirer avantage de la circonstance : « Vous avez pu voir par vous-même, dit-il à *Urswich*, ce que j'avois moi-même, en partie, prévu ; le duc de Bretagne étant actuellement dominé par le duc d'Orléans et son conseil, l'unique expédient, pour obtenir la paix, est de négocier les armes à la main, et de joindre la force aux raisons : je me charge, moi, d'employer le premier de ces deux moyens, et j'engage le roi, votre maître, à ne pas abandoner l'autre : je ne réglerai point ma conduite sur celle du duc de Bretagne; mais, fidèle à mon plan, je promets de nouveau de me soumettre à la décision du roi votre maître, et d'accepter toutes les conditions qu'il lui plaira de me prescrire. »

Urswich, de retour auprès de son maître, l'informa, dans le plus grand détail, de tout ce qui s'étoit passé en Bretagne, et des difficultés insurmontables qu'il avoit rencontrées. Cependant il pallia les choses de manière à faire entendre qu'on ne devoit pas désespérer tout-à-fait de la paix; qu'il ne falloit que patienter un peu, et attendre que les armes de Charles eussent ramené à la raison les Bretons et leurs adhérens. Dès ce moment on ne vit, pendant quelque temps, que couriers et dépêches, allant et revenant continuellement de l'un de ces deux princes à l'autre : négociation que le roi d'Angleterre, qui agissoit de très bonne foi, suivoit avec beaucoup de zèle et d'activité ; au lieu que *Charles* dissimuloit, et ne souhaitoit rien moins que la paix. Peu de temps après, ce dernier prince entra en Bretagne avec une puissante armée, et alla mettre le siège devant *Nantes*, qu'il resserra étroitement. *Charles* n'étoit rien moins que fort habile ; cependant il avoit si bien profité des leçons de son père, prince d'une profonde dissimulation, que, dans cette circonstance, plus il poussoit vivement la guerre, plus il pressoit la conclusion du traité de paix : dissimulation qu'il porta si loin, que, durant le siège de Nantes, après les fréquentes allées et venues des couriers ou des agens d'un ordre inférieur, il députa *Bernard d'Aubeney*, homme de qualité, et jouissant d'une grande réputation, pour presser *Henri* de conclure le traité, à quelque condition que ce pût être.

Cette conduite artificieuse ne put refroidir le zèle du roi d'Angleterre pour ce traité ; et souhaitant sincèrement d'en hâter la conclusion, il envoya en France trois députés; savoir : l'*abbé d'Abingdon*, *sir Richard Tonstall* et *Urswich*, son aumônier, qu'il avoit chargé des premières propositions, comme nous l'avons dit; ils avoient ordre de ne rien épargner pour ménager un accommodement entre le roi de France et le duc de Bretagne.

Vers le même temps, le *baron de Woodville*, seigneur plein de courage et d'ardeur pour la gloire, demanda au roi la permission de lever, sous main, un petit corps de volontaires, et de le conduire secrètement au secours du duc de Bretagne, sans paroître avoir l'aveu de son maître, ni même celui de la nation. Mais le roi voulant garder les apparences d'une exacte neutralité, et jugeant qu'il pourroit compromettre sa réputation, en donnant du secours à l'un des deux partis, durant les négociations pour la paix, lui refusa, ou feignit de lui refuser cette permission, et lui défendit publiquement de faire aucun mouvement en faveur des Bretons. Cependant le *baron de Woodville*, n'obéissant qu'à sa propre passion, ou même se persuadant trop aisément que son maître approuvoit intérieurement sa conduite, et lui sauroit gré de cette expédition, quoiqu'il ne l'avouât pas publiquement, passa secrètement dans l'île de *Wight,* dont il étoit gouverneur, y leva quatre cents hommes choisis, et, avec ce corps, alla joindre le duc de Bretagne. La nouvelle de cette jonction étant parvenue à la cour de France, quelques jeunes seigneurs en furent tellement irrités, qu'on eut beaucoup de peine à les empêcher d'insulter les ambassadeurs anglois. Mais, soit que *Charles* voulût réellement que le privilège des ambassadeurs et le droit des gens fût respecté, soit que, se rendant justice à lui-même, il sentît que, dans toute cette affaire, il agissoit de beaucoup plus mauvaise foi que le roi d'Angleterre, il défendit, sous les peines les plus sévères, d'insulter, de parole ou de fait, les ambassadeurs anglois, ou quelqu'un de leur suite. Le roi d'Angleterre écrivit aussitôt à *Charles*, pour désavouer l'action de *Woodville*, et lui assurer qu'il n'avoit aucune part à cette démarche, s'appuyant principalement sur cette considération, qu'il étoit aisé de voir, par le petit nombre de soldats que ce seigneur avoit embarqués avec lui, qu'il agissoit de son propre mouvement, et n'avoit ni l'aveu de son maître, ni celui d'aucune autorité publique. Quoique *Charles* n'ajoutât pas entièrement foi à ces protestations, il feignit toutefois de s'en payer, et fit une réponse assez pacifique. Peu de temps après, les trois députés s'en retournèrent; mais, avant que de s'embarquer, ils passèrent à la cour de Bretagne, pour voir, par eux-mêmes, à quel point en étoit la négociation : mais ils reconnurent que le traité n'étoit pas plus avancé qu'auparavant. A leur retour, ils instruisirent pleinement le roi de l'état des choses, et lui apprirent combien le roi de France avoit d'éloignement pour la paix ; lui déclarant sans détour qu'il ne falloit plus songer au traité, et qu'il devoit changer de plan. Cependant le roi, dans toute cette négociation, n'étoit pas tout-à-fait dupe de *Charles*, comme on le croyoit assez généralement ; et son erreur venoit beaucoup moins de s'être trop fié à ce prince, que de s'être fait une trop haute idée de la puissance du duc de Bretagne, et d'avoir mal estimé les forces respectives des deux partis.

Des raisons assez spécieuses avoient fait illusion à *Henri*; il considéroit qu'il faudroit beaucoup de temps pour soumettre entièrement ce duché, où il voyoit tant de villes ou de châteaux fortifiés, et une si grande multitude d'hommes capables de porter les armes, sans compter que le roi de France n'ayant pas encore d'enfans, et n'ayant pas même encore été marié, son conseil n'oseroit l'exciter à pousser vivement la guerre contre l'héritier présomptif, que soutenoit le duc de Bretagne, et que ses généraux ne s'y porteroient qu'avec froideur ; enfin, que cette guerre même, selon toute apparence, exciteroit des troubles dans le royaume, en faveur du duc d'Orléans. 2°. Il ne doutoit nullement que *Maximilien*, qu'il regardoit comme un prince courageux et puissant, ne donnât bientôt du secours à la Bretagne : d'où il concluoit que cette guerre devant être de longue durée, il pourroit profiter de cette lenteur même, et en tirer quelque avantage personnel. Car, d'ailleurs, n'ignorant pas que la nation angloise, qui faisoit des vœux pour les Bretons, souhaitoit qu'il les soutînt, il espéroit que le parlement lui accorderoit d'amples subsides pour cette guerre (1); qu'après avoir attiré tout cet argent dans ses coffres, et

---

(1) La plupart des princes, même ceux qui ne sont terribles que pour les cerfs, les sangliers et les lapins, aiment la guerre où ils ne vont pas, parce qu'elle les enrichit et les rend despotiques. Ils animent leurs sujets contre les ennemis qu'ils leur ont suscités ; ils profitent de ces dispositions pour multiplier ou aggraver les impôts, et augmenter leurs forces militaires ; ils font battre leurs

fait quelques légers préparatifs de guerre, il seroit ensuite maître de l'y retenir, en faisant conclure la paix. Aussi, connoissant cette disposition de son peuple en faveur des Bretons, tâchoit-il de paroître plutôt avoir été trompé et comme endormi par les Français, qu'avoir évité cette guerre de son propre mouvement ; sachant bien d'ailleurs que cette multitude n'avoit pas assez de pénétration pour deviner les raisons particulières qu'il pouvoit avoir pour s'y porter avec lenteur. Ainsi, le plan qui pouvoit le conduire le plus directement et le plus sûrement à son but, c'étoit de faire durer le plus qu'il pourroit ces négociations pour la paix, comme il le fit, en rompant et renouant

---

coqs pendant quelque temps ; puis la paix se conclut ; les charges restent toutes entières sur le peuple ; les troupes restent sur pied, et le cheval reste bridé. La fable du cheval qui veut se venger du cerf, est l'histoire emblématique de tous les empires, même celle des républiques ; car, et les tyrans et les valets, et les citoyens, sont tous des hommes.

alternativement le traité, selon que la France faisoit plus ou moins de progrès en Bretagne. Il considéroit de plus que si sa médiation pouvoit avoir assez d'influence sur les deux princes, pour amener un accommodement, ce rôle de *pacificateur* qu'il joueroit alors, augmenteroit beaucoup sa réputation. Il ne désespéroit pas non plus de tirer avantage de cette jalousie et de cette inquiétude que le roi de France donneroit aux autres princes, en attaquant la Bretagne, ni d'en profiter pour se procurer quelques alliances avantageuses, entre autres celle de *Ferdinand*, roi d'*Espagne*, prince avec lequel il sympathisoit beaucoup par son caractère et sa politique artificieuse, ou celle de *Maximilien*, qui étoit visiblement intéressé dans cette guerre de Bretagne. En un mot, il se flattoit que l'exécution de ce plan lui procureroit de l'argent, de l'honneur, des alliances, et une paix telle qu'il la souhaitoit (1). Mais ce

---

(1) Notre chancelier se livre ici à ses conjec-

plan étoit trop magnifique pour pouvoir réussir dans toutes ses parties, et ces vues étoient trop fines pour pouvoir être com-

tures, et prête à *Henri VII* sa propre politique ; mais il oublie une considération plus importante et plus déterminante peut-être que toutes celles qu'il vient d'imaginer. *Henri VII,* continuellement agité et ébranlé sur son trône par des révoltes, ne devoit se porter qu'avec répugnance à soutenir le *duc de Bretagne,* qui ne s'étoit engagé dans cette guerre que pour soutenir un rebelle, savoir, le *duc d'Orléans;* il auroit, par cette conduite, offert contre lui-même un exemple dangereux, et provoqué des représailles de la part de *Charles VIII,* qui auroit eu un prétexte pour appuyer les descendans ou partisans de la maison d'*Yorck.* Et ce qui fortifie cette conjecture, c'est que *Henri VII,* ayant d'abord fermé les yeux sur la démarche du baron *de Woodville,* qu'il pouvoit rappeller (ce qu'il ne fit pas), et quelque temps après, ayant soutenu ouvertement le duc de Bretagne (comme nous le verrons bientôt), Charles VIII usa de représailles, non-seulement en soutenant *Perkin,* aventurier célèbre, mais encore en l'invitant de lui-même à se rendre à sa cour, et en feignant de le reconnoître pour duc d'*Yorck.*

plètement réalisées ; car les affaires qui intéressent les grands empires, sont pour ainsi dire trop roides, pour se prêter à des ruses si déliées, et rarement de si petits moyens y mènent à un grand but. D'ailleurs, le roi se faisoit illusion par rapport aux deux principaux fondemens de toute cette spéculation. Il jugeoit sans doute avec raison que le conseil de France ne se hâteroit pas d'engager *Charles* dans une guerre contre l'héritier présomptif de la couronne; mais il ne faisoit pas attention que ce jeune prince n'étoit pas alors dirigé par les premières têtes de son conseil (1), mais se laissoit gouverner par certains hommes de basse extraction, qui, pour acquérir la réputation de con-

---

(1) Le conseil de Charles VIII étoit alors presque uniquement composé d'*Anne de Beaujeu*, princesse très habile, et dont l'excessive influence avoit excité la jalousie du duc d'Orléans, comme nous l'avons déja dit. De plus, la cour de Bretagne s'épuisoit en partie à entretenir le duc d'Orléans d'une manière digne de son rang; elle étoit alors divisée par des factions; une partie des mi-

seillers courageux, et complaire à leur jeune maître, lui suggéroient des entreprises aussi dangereuses que hardies ; en un mot, telles que des hommes distingués par leur rang ou leur naissance, n'auroient ni voulu, ni osé en conseiller de semblables. Quant à *Maximilien*, la réputation dont il jouissoit alors, et qu'il perdit dans la suite, en imposoit aussi à *Henri ;* car l'inconstance et l'extrême pauvreté du roi des Romains qui le firent échouer dans presque toutes ses entreprises, n'étoient pas encore connues.

Le roi, après quelques conférences avec ses trois députés, qui ne lui avoient rien appris de nouveau, ne lui ayant au fond rapporté que ce qu'il avoit lui-même prévu depuis long-temps (quoiqu'il fei-

---

nistres du duc et des seigneurs bretons avoient été gagnés par la cour de France.

La Bretagne, ainsi affoiblie et si mal dirigée, ne pouvoit tenir contre la France entière, gouvernée par une excellente tête. Ainsi il n'est pas étonnant que Charles VIII ait gagné si aisément la partie ; car il avoit beau jeu.

gnît de n'avoir été pleinement instruit que par eux), convoqua aussi-tôt le parlement, et fit proposer aux deux chambres l'affaire du duché de Bretagne, par *Morton*, son chancelier, et archevêque de *Cantorbery*, qui parla en ces termes à l'assemblée.

« Le roi, notre souverain, *milords et messieurs*, m'a commandé de vous faire connoître les motifs qui l'ont déterminé à vous convoquer ; exposé que je vais faire, en suppliant sa majesté et l'assemblée de m'excuser, si la manière dont je m'acquitterai de cette fonction, est plus proportionnée à mes foibles talens qu'à l'importance de l'affaire qu'il vous invite à prendre en considération, et à la grandeur du sujet.

En premier lieu, sa majesté me charge de vous dire que les preuves multipliées d'affection et de fidélité que vous lui donnâtes dans la première session, où il s'agissoit d'affermir son autorité, de pourvoir à la sûreté de sa personne, de décharger de toute accusation ceux qui avoient défendu ses droits; enfin, de le venger de ses ennemis, et de ceux qui avoient trahi sa cause; que tous ces procédés, dis-je, sont profondément gravés dans sa mémoire : votre conduite, en cette occasion, fut telle, qu'il est impossible à des sujets de donner, en une seule session, plus de gages de leur parfait dévouement à la personne de leur souverain; conduite qui a tellement gagné son cœur, qu'il a résolu de communiquer librement à ses fidèles sujets toutes les affaires qui peuvent intéresser la nation, soit au dehors, soit au dedans, et dont la publicité n'aura point trop d'inconvéniens.

La convocation de cette assemblée a deux objets principaux, dont l'un concerne les affaires étrangères, et l'autre l'administration intérieure.

Le roi de France, comme vous ne pouvez l'ignorer, est actuellement occupé à envahir la Bretagne, et pousse vivement la guerre. Son armée est aujourd'hui devant Nantes, et il resserre étroitement cette ville, qu'on peut regarder comme la première de ce duché, sinon par ses titres extérieurs et sa dénomination, du moins par sa force et son opulence. Il est aisé de juger des espérances de ce prince, en le voyant ainsi attaquer d'abord la ville la plus forte, et commencer cette guerre par le plus difficile. Ce prince connoît mieux que personne le véritable but de cette guerre. Le prétexte dont il colore ses ambitieux desseins, est l'asyle et la protection que le duc de Bretagne accorde au duc d'Orléans, et à d'autres seigneurs français, que leur maître regarde comme ses ennemis. D'autres attribuent la conduite de *Charles* à d'autres motifs. Quoi qu'il en soit, les deux partis ont déja demandé plusieurs fois au roi, notre maître, son assistance par leurs envoyés. Le roi de France, à la vérité, ne demande que l'une de ces deux choses, des secours, ou la neutralité; au lieu que les Bretons demandent simplement des secours. Notre roi, à titre de prince chrétien, et de fils soumis à l'église, a offert sa médiation, pour faciliter la conclusion d'un traité de paix entre ces deux princes. Mais le roi de France, tout en accédant à ce traité proposé, ne laisse pas de continuer la guerre, et les Bretons qui souhaitent sincèrement la paix, ne se prêtent point du tout à la négociation; non qu'une vaine confiance en leurs propres forces leur inspire de l'orgueil, mais parce que le roi de France négociant les armes à la main, et poussant la guerre à outrance, ils se défient des intentions de ce prince, et ne le croient nullement disposé à la paix : en sorte que le roi, notre maître, après s'être occupé assez long-temps de ce traité avec toute l'attention et l'activité dont il est capable, ne pouvant engager l'un des deux partis à désarmer, ni dissiper les soupçons de l'autre; soupçons que cette guerre que Charles continue de leur faire, fortifie de plus en plus, s'est enfin déterminé à rompre cette négociation, non qu'il se repente de l'avoir entreprise, mais parce qu'il désespère tout-à-fait du succès. Cet exposé peut vous donner une juste idée de l'état de la question que le roi vous propose, et sur laquelle il veut vous consulter; doit-il en effet entreprendre une guerre défensive, en se portant pour auxiliaire du duc de Bretagne contre le roi de France, ou demeurer neutre?

Mais, afin de vous mettre plus en état d'asseoir votre jugement, le roi m'a ordonné d'entrer avec vous dans certains détails, et de vous instruire de quelques particularités relatives, soit aux personnes intéressées dans cette querelle, soit à l'influence qu'elle peut avoir sur la situation de ce royaume, soit enfin au dangereux exemple qui peut résulter de la conduite de Charles, s'il réussit; le dessein du roi étant de ne porter aucun jugement définitif, et de ne prendre aucune résolution fixe, avant d'avoir entendu le conseil aussi judicieux que sincère, qu'il attend de vous, milords et messieurs.

En premier lieu, quant à la personne

du roi notre maître, qui, dans cette affaire, doit être le principal objet de votre attention, sa majesté déclare ouvertement que sa résolution formelle et son vœu le plus constant seroit de procurer à ses sujets une paix perpétuelle durant tout son règne; mais que, d'un autre côté, son dessein n'est rien moins que d'acheter cette tranquillité aux dépens de son honneur, ni de l'accepter à des conditions dont les conséquences seroient pires que la guerre même qu'il auroit voulu éviter, et qu'il s'estimeroit infiniment heureux, si, sa propre situation devant éprouver quelque changement, la divine providence lui permettoit d'échanger ces troubles intestins et ces révoltes qui l'ont inquiété jusqu'à ce jour, contre une guerre honorable au dehors.

Quant à ce qui concerne les deux princes les plus directement intéressés dans cette querelle; savoir, le *roi de France* et le *duc de Bretagne,* le roi, notre maître, vous déclare aussi, *milords et mes-*

sieurs, que, de tous ses amis ou alliés, ces deux princes sont ceux à qui il croit avoir le plus de véritables obligations; l'un ayant étendu sur lui son bras protecteur, pour le garantir des noirs complots d'un tyran, et l'autre lui ayant prêté une main secourable pour prendre possession du trône qui lui appartenoit, et que son affection, quant à ce qui le regarde personnellement, ne penche pas plus pour l'un que pour l'autre; et quoique vous ayez pu entendre dire que la crainte d'une trahison avoit obligé sa majesté de quitter la Bretagne, et de se retirer en France, cependant elle ne voudroit point que la nécessité de cette retraite fût imputée au duc de Bretagne, et servît de prétexte pour oublier les bienfaits de ce prince, attendu que, d'après des informations très exactes, elle est assurée que les vrais coupables, dans cette occasion, étoient certains conseillers du duc de Bretagne, qui s'étoient laissé corrompre, et qui avoient profité d'une maladie grave de ce prince, pour tramer ce complot à son insu.

Mais quels qu'aient pu être les auteurs de cette disgrace, et quoique sa majesté dût se croire liée par de tels bienfaits, si elle n'étoit qu'un simple particulier, elle n'ignore pas que des devoirs d'une nature infiniment supérieure, et des liens plus sacrés; savoir, ceux qui lui font une loi de s'occuper sans cesse de tout ce qui concerne la conservation, la sûreté ou le bien-être de ses sujets, l'unissent étroitement à eux, et le dégagent des liens de la première espèce; sans lui faire oublier toutefois que, s'il se voyoit obligé de faire la guerre, il devroit s'y porter sans ambition et sans animosité.

Quant aux conséquences que cette querelle peut avoir pour l'Angleterre, il faudroit, pour en bien juger, connoître le véritable dessein de *Charles*; car, s'il ne vouloit que réduire des sujets rebelles, nous n'aurions rien à craindre de sa part; mais si la Bretagne devenoit une province de France, et étoit pour toujours réunie à cette couronne, soit que Charles eût actuellement ce dessein, ou que cette réunion fût une conséquence naturelle de la guerre actuelle, sans qu'il l'eût d'abord eu en vue, alors l'affaire de ce duché mériteroit que vous la prissiez très sérieusement en considération ; afin de vous faire une juste idée de ses dangereuses conséquences pour ce royaume. Car, d'un côté, si ce vaste duché, en partie, composé de côtes d'une assez grande étendue, et très voisines des nôtres, étoit réuni à la France, il augmenteroit prodigieusement les forces de ce dernier royaume. D'un autre côté, l'Angleterre seroit privée pour toujours du secours des Bretons, qui furent de tous temps ses plus fidèles alliés ; et alors l'Angleterre, dont la puissance s'étendoit autrefois sur le continent même, d'abord par le vaste territoire qu'elle y possédoit, puis par ses alliances avec la *Bourgogne* et la *Bretagne* (deux états, à la vérité, dont les souverains n'étoient pour nous que de simples alliés, mais des alliés toutefois dont la fortune étoit étroitement liée à la nôtre, et dont les résolutions dépendoient presque toujours de nous); ce royaume, dis-je, privé du secours de la Bourgogne déja réunie en partie à la France, en partie aux états de la maison d'Autriche, et de celui de la Bretagne, qui, dans notre supposition, seroit pour toujours réunie à la couronne de France, verroit ainsi toute sa puissance resserrée dans les limites de cette île, et seroit toute environnée des provinces maritimes de deux puissans monarques (1).

Quant à l'exemple résultant de l'invasion de la Bretagne, sa nature, ainsi que celle des conséquences dont nous venons de parler, dépend des véritables in-

---

(1) Quel malheur de ne pouvoir plus empiéter sur les autres! Mais le roi de France étoit bien plus à plaindre, n'ayant pas un seul pouce de terre dans le royaume où le chancelier Morton faisoit de si judicieuses lamentations.

tentions du roi de France ; car, si la France engloutit la Bretagne (comme le peuple qui n'est que trop disposé à attribuer toutes les actions des princes à des vues ambitieuses, semble le craindre), alors cette usurpation de *Charles* seroit un pernicieux exemple d'un état foible opprimé par un plus fort : l'Ecosse courroit risque de l'être par l'Angleterre ; le Portugal, par l'Espagne ; et les petits états d'Italie ou d'Allemagne, par les grands. En un mot, s'il est permis de comparer les petites choses aux grandes, il en seroit alors de la position de ces petits états comme des sujets de la dernière classe du peuple, s'ils ne pouvoient vivre en sûreté dans le voisinage des grands de la première classe (1). Or,

---

(1) Cette comparaison de *Morton* étoit très adroite et une espèce de chef-d'œuvre en ce genre; car *Henri VII* avoit le projet d'abaisser les grands de son royaume, et y réussit. Elle servoit donc tout à la fois à irriter le peuple anglois contre le roi de France, et à l'animer contre les grands qui le tenoient dans l'oppression.

si un tel exemple étoit donné, ce seroit principalement au roi, notre maître, qu'on en imputeroit toute la faute et toutes les conséquences, attendu que, de tous les princes voisins de la France, c'est celui qui est le plus directement intéressé à cet évènement, et le plus à portée de le prévenir. A la vérité, comme celui qui est le plus fort, ne manque jamais de prétextes, le roi de France en a un très spécieux pour attaquer la Bretagne; il prétend que c'est le danger dont son propre royaume est menacé par la révolte du duc d'Orléans, qui le force à prendre les armes, et que, s'il fait la guerre, ce n'est point par ambition, mais par pure nécessité. Ce prétexte, dis-je, est si spécieux, que cet exemple qu'il donne, en devient un peu moins dangereux; car l'exemple résultant d'une guerre qu'un prince entreprend pour sa propre défense, n'est nullement contagieux, chacun étant toujours le maître de ne pas mettre les autres sur la défensive, en ne les attaquant point. Au reste, milords et messieurs, le roi vous exhorte à prendre en considération la totalité de cette affaire, et à délibérer mûrement sur ce sujet, son dessein étant de se reposer entièrement sur vos conseils. »

Tel fut en substance le discours du chancelier, relativement à l'affaire du duché de Bretagne ; le roi lui ayant recommandé de choisir et de mesurer ses expressions de manière à faire souhaiter au parlement que la Bretagne fût secourue ; mais sans l'engager lui-même par aucune déclaration formelle.

Seconde partie de la harangue du chancelier, ayant pour objet l'administration de l'intérieur.

Quant aux affaires de l'intérieur, le roi m'a commandé de vous dire, milords et messieurs, qu'il est persuadé que jamais prince n'a eu, en si peu d'années, de plus grandes ni de plus justes causes que lui de se livrer alternativement à ces deux sentimens contraires, *la joie et la tristesse :* à la *joie,* pour les faveurs signalées et multipliées de la toute-puissance divine, qui, l'ayant armé de l'épée royale, et favorisé dans toutes les occasions où il a été forcé de la tirer contre ses ennemis, l'a environné d'un nombre immense de sujets fidèles, qui l'ont si constamment servi par des conseils sincères, par une prompte obéissance, et par le courage avec lequel ils l'ont soutenu : à des sentimens de *tristesse,* parce que Dieu n'ayant pas encore daigné permettre qu'il remît l'épée dans le fourreau (comme il l'eût ardemment souhaité, son vœu le plus sincère étant de ne l'employer que pour l'administration de la justice), il s'est vu tant de fois réduit à la tirer pour punir des traîtres, et réprimer des sujets rebelles, l'Être suprême semblant avoir semé un petit nombre de sujets pervers parmi un grand nombre de sujets fidèles, comme jadis il laissa quelques Cananéens parmi les Israélites, pour les tenter et les éprouver par ces tentations ; quoique , graces à la faveur divine , le succès de leurs coupables efforts ait toujours été de nature à faire retomber leur malice sur leur propre tête.

En conséquence, sa majesté vous observe que le sang répandu sur le champ de bataille , ne dispensant pas entièrement d'en répandre dans les villes , et que l'épée martiale étant insuffisante pour entretenir la paix dans un royaume , le vrai moyen de prévenir les troubles , est de remonter à la source de ces insurrections , pour étouffer toute semence de révolte , et que la vraie méthode pour parvenir à ce but, c'est d'établir des loix salutaires et efficaces, ou de confirmer les loix de cette espèce, déja établies (en augmentant même leur sévérité) contre les conventicules séditieux , contre les ligues criminelles et contre tous ces attroupemens qui se font à la faveur des livrées, des devises, et autres signes de ralliement des factieux. En un mot , l'intention de sa majesté est que ces loix, en prévenant, réprimant ou punissant toute espèce de violence, à la cour, dans les campagnes, ou dans les maisons particulières, soient comme une barrière et une digue contre laquelle viennent se briser les efforts de tous ceux qui veulent troubler la paix du royaume. Sa majesté laisse à votre sagesse le soin de choisir ou de renforcer toutes ces mesures si nécessaires à votre propre sûreté, et que réclament si impérieusement les circonstances.

Mais comme l'intention du roi notre maître, en vous recommandant les mesures qui peuvent vous assurer la paix ainsi qu'à lui-même, n'est pas seulement que vous puissiez vivre tranquilles, à l'ombre de cette paix, mais encore qu'elle vous procure tous les avantages positifs qui y sont attachés; savoir, le bien-être, l'aisance et l'opulence même, sa majesté vous invite aussi à prendre en considération tous les réglemens nécessaires pour encourager le commerce et les manufactures; pour détourner l'argent de tout emploi illicite, tels que l'*usure*, les *changes* (1), et autres commerces aussi stériles pour l'état que criminels; afin de lui faire prendre son cours vers un commerce utile et conforme aux loix. Par ce moyen, notre peuple s'adonnant aux différentes espèces d'arts et de métiers, ce royaume pourra sub-

---

(1) Par ce mot d'*usure*, l'auteur entend ici *toute espèce de prêt à intérêt*, sans exception; prêts qui étoient alors défendus par des loix que des *moines* avoient suggérées. Il étoit, dis-je, défendu de placer son argent, pour en tirer un profit raisonnable; il n'étoit permis que de traiter pour des lettres de change sur l'autre monde; et le genre humain, dans cette partie du globe, étoit encore mystérieusement tyrannisé par cette nombreuse compagnie de négocians saintement avide, *qui sait flatter les sots, les plumer, les bénir, et de l'argent du ciel payer dans l'avenir*. Quoi qu'il en soit, *Morton* semble dire au parlement : *Milords et messieurs*, le roi vous exhorte à ruiner le commerce, en défendant *tout change et tout prêt à intérêt* ; car, sans ces deux genres de secours, le commerce ne peut subsister, ou du moins s'étendre beaucoup.

sister par lui-même, et du produit de sa propre industrie, ou de ses productions naturelles, il pourra se passer des autres nations; l'oisiveté en sera bannie; il ne sera plus obligé de s'épuiser pour se procurer des marchandises étrangères; et nos laines, au lieu de sortir du royaume, pour être employées dans les manufactures des autres pays, le seront dans le pays même. Ce n'est pas tout ; après avoir fait tous ces réglemens, il en faut encore un pour obliger tous les commerçans étrangers à convertir en marchandises angloises tout l'argent provenu de la vente des leurs, afin que l'argent ne sorte plus de notre île par l'importation d'une trop grande quantité de marchandises étrangères (1).

---

(1) Voilà encore un réglement excellent pour ruiner le commerce d'un pays. Si les commerçans étrangers apportent une trop grande quantité de marchandises du déhors, il leur en restera une partie qu'ils n'auront pu vendre, et dans la suite ils n'en apporteront que la quantité nécessaire : s'ils

Or, le roi étant bien persuadé, milords et messieurs, que votre intention n'est pas de laisser dans l'indigence un prince qui

n'en apportent que la quantité nécessaire, en gênant leur commerce, vous priverez les sujets d'une partie des choses dont ils ont ou croient avoir besoin. De plus, si ces marchands étrangers gagnent à convertir leurs marchandises (ou l'argent qui en est provenu) en marchandises du pays, il n'est pas besoin d'une loi pour les y contraindre; et l'amour du gain les portera beaucoup plus sûrement à faire cet échange, qu'une loi positive qu'ils sauront toujours bien éluder pour peu qu'elle les gêne : s'ils perdent à faire cette conversion, ils ne reviendront plus; ils porteront leurs marchandises dans des lieux où le commerce sera libre, et où celles dont ils auront eux-mêmes besoin, seront à un prix d'autant plus bas, qu'ils seront moins forcés de les acheter; et alors ces marchandises devenant plus rares dans votre pays, tout l'effet de votre loi sera d'y faire hausser leur prix, d'abord à cause de cette rareté même, puis parce qu'elles ne pourront plus y être vendues pour de l'argent que clandestinement. Les erreurs de certains économistes et autres politiques *prohibitionnaires* et *réglementaires* viennent de ce qu'ils n'appers'occupe avec tant de zèle des moyens de vous enrichir, il ne doute nullement que vous ne soyez disposés à prendre aussi

---

çoivent que *l'effet immédiat d'une loi*, d'un *règlement* ou *d'une mesure*, jamais ses *effets médiats*, ses seconde, troisième, quatrième, centième conséquences, en un mot, la chaîne entière de ces conséquences, le tout : par exemple, la plupart d'entre eux ignorent que, dans une cherté, toute loi qui tend à forcer les habitans de porter leur bled au marché, et qui en défend l'exportation, convertit tôt ou tard cette disette en famine, parce qu'alors *le bled recule, se cache ou pourrit;* et non-seulement ils ne le savoient pas avant de l'avoir éprouvé, mais même après avoir fait cette épreuve, ils ne le savent pas encore ; car c'est précisément parce qu'ils manquent de mémoire, qu'ils manquent de prévoyance. La liberté complète du commerce doit sans doute avoir ses exceptions, dans des circonstances qui sont elles-mêmes des exceptions : mais certes il vaut mieux n'y pas faire une seule exception, que d'y en faire beaucoup ; le commerce ayant toujours la *volonté*, le *droit* et le *pouvoir* de se venger de ceux qui le tyrannisent; car ce sont alors des gens d'esprit qui réagissent contre des sots, réaction renforcée en considération les moyens d'augmenter ou de conserver ses revenus provenant, soit des douanes, des impositions, ou

par le dépit combiné avec la soif du gain. Le vrai moyen pour forcer les marchands étrangers à acheter les marchandises du pays (comme le voulurent faire Henri VII et Bacon son approbateur), c'est d'en faire baisser le prix dans ce pays même, et par conséquent d'y faire baisser le prix de la main-d'œuvre dans tous les genres d'industrie dont ces marchandises sont le produit, c'est-à-dire, d'encourager l'agriculture, les manufactures et le commerce, par la multiplication des débouchés et des moyens de communication, tels que ports, havres, canaux, chemins, ponts, etc. par des loix sévères et sévèrement exécutées, dont le but soit d'assurer l'accomplissement de toute espèce de conventions et de traités, etc. etc. en un mot, le vrai moyen d'encourager le commerce, c'est *de le laisser faire, en l'aidant un peu, méchaniquement*. Notre auteur, comme on le voit dans le texte, avoit aussi un préjugé ridicule et souvent relevé par l'immortel *Smith*, celui de croire que l'opulence d'un peuple est proportionnelle à la quantité d'argent qu'il possède, et il ignoroit cette vérité : tout peuple, qui n'a que de l'argent, n'est que le caissier des peuples dont le sol ou l'industrie produit les de toute autre source. Il ne doute point non plus que vous ne lui accordiez quelque subside extraordinaire, lorsque les circonstances l'exigeront (1); ce que vous

---

choses dont ce peuple pécunieux a, ou croit avoir besoin; et tout peuple qui possède, par la fertilité de son territoire, ou par sa propre industrie, une grande quantité de ces choses dont tout le monde a besoin et que tout le monde achète, n'a pas besoin d'argent; et cependant il aura aisément de l'argent, lorsqu'il croira en avoir besoin.

(1) De manière que toute cette harangue de *M. l'abbé Morton* ne tend qu'à demander l'aumône, et à obtenir du parlement un argent que sa majesté se propose de tenir sous la clef, attendu qu'elle est *in petto* bien déterminée à ne point faire la guerre. Tout homme qui aura lu très lentement, comme nous, 50 volumes de l'histoire d'Angleterre, écrits par différens auteurs, ne verra dans ce parlement si fastueux qu'une espèce de marché où l'honorable assemblée semble dire au roi : *Accordez-nous, ou laissez-nous tels privilèges, nous vous donnerons tant*; et le roi, pour s'y assurer la pluralité, dit ou fait dire à quelques-uns de ses membres : *Faites-moi donner tant, et je vous en donnerai une petite par-*

ferez avec d'autant plus de joie et de zèle, que vous n'ignorez pas qu'il est très économe, et que, ne se regardant que comme le simple dispensateur des deniers publics, et comme l'*intendant de la nation*, il se fait une loi de ne les employer que pour votre propre utilité ; l'argent provenu de ces subsides pouvant être comparé à ces eaux qui, après s'être élevées de la terre sous la forme de vapeurs, et s'être rassemblées en nuages, retombent ensuite en pluie, et fertilisent les champs qu'elles arrosent. Vous savez de plus que les forces des états voisins croissent de jour en jour, et que nous vivons dans un temps où les grandes révolutions ne sont que trop fréquentes. Ainsi vous au-

---

tie : faites-moi donner une guinée, et je vous donnerai un schelling que vous partagerez entre vous, sans compter les places, pensions, dignités, etc. dont je dispose. Ces bills du parlement ne sont donc qu'une certaine manière de vendre la nation au souverain, qui est toujours maître d'anéantir la résistance nationale, en offrant les grandes places aux chefs de l'opposition.

rez soin d'assurer au roi des subsides suffisans, afin qu'en cas d'attaque, il ne se trouve pas sans défense, faute d'argent. Je n'ai rien de plus à vous dire de la part de sa majesté, sinon que j'aurois souhaité être en état d'exposer d'une manière plus digne d'elle et de vous, *milords et messieurs*, ce qu'elle m'avoit chargé de vous dire : mais votre propre sagesse et votre sincère affection pour sa personne y suppléeront d'elles-mêmes. Puisse la sagesse de l'Être suprême vous inspirer des conseils salutaires, et sa toute-puissance les couronner par le succès ! »

Il n'étoit pas fort difficile de tourner l'attention du parlement vers les affaires de la Bretagne, et de l'exciter à embrasser avec chaleur la cause du duc. Cette jalousie qui régnoit depuis tant de siècles entre les Anglois et les Français, jalousie qui étoit alors réveillée et comme attisée par le rapide accroissement que prenoit, depuis quelque temps, la monarchie française, l'y portoit assez naturellement; motif auquel se joignoit la crainte très fondée du danger dont l'Angleterre seroit continuellement menacée, si les Français venoient à envahir une province maritime et d'une si grande étendue (comme nous l'avons observé). Mais ce qui faisoit le plus d'impression sur le parlement, c'étoit la manière même dont les Français faisoient cette acquissition; ils prenoient possession de ce duché, en opprimant ouvertement le duc; en un mot, par voie de conquête et d'invasion. Car, quoique les Français colorassent d'un prétexte assez spécieux leur ambitieuse expédition, néanmoins ces apparences n'en imposoient point aux deux chambres; les soupçons et la défiance prévalant presque toujours sur les plus forts argumens, dans une si nombreuse assemblée. En conséquence, le parlement conseilla au roi d'embrasser, sans crainte, la cause des Bretons, et de leur envoyer un prompt secours; puis, avec toutes les démonstrations de zèle et d'affection qu'il pouvoit souhaiter, ils lui accordèrent d'amples subsides pour le mettre en état de suivre le conseil qu'ils venoient de lui donner. Mais ce prince, soit qu'il voulût observer les loix de la bienséance avec le roi de France, envers lequel il se piquoit de reconnoissance, soit qu'il aimât mieux paroître se porter à cette guerre avec beaucoup d'ardeur, que la faire réellement, envoya un ambassadeur extraordinaire au roi de France, pour lui notifier l'arrêté du parlement, pour lui renouveller, en termes très gracieux, l'offre qu'il lui avoit déja faite de sa médiation, et l'exhorter à se désister de son expédition contre la Bretagne; ou pour le prier, au cas qu'il se crût obligé de continuer la guerre, de ne pas savoir mauvais gré au roi d'Angleterre d'avoir cédé aux instances de son propre peuple qui embrassoit avec chaleur la cause des Bretons (avec lesquels ils étoient unis par d'anciennes alliances), et de leur avoir envoyé des secours; en protestant toutefois que, pour observer religieusement les loix de l'amitié et de la reconnoissance, il avoit ordonné à ses troupes de se contenter de soutenir les Bretons, et de n'attaquer les Français qu'autant que l'exigeroit la défense de la Bretagne. Mais, avant que cette ambassade, appuyée sur des motifs si spécieux et de pur cérémonial, fût arrivée en France, le parti du duc de Bretagne avoit déja reçu un grand échec, et penchoit visiblement vers sa ruine; car les Bretons ayant livré bataille aux Français, près de *Saint-Aubin*, ville de leur duché, ils avoient été entièrement défaits, le *duc d'Orléans* et *le prince d'Orange* étant demeurés prisonniers; et ils avoient perdu six mille hommes, du nombre desquels étoit *Woodville*, avec la plus grande partie de sa troupe qui s'étoit signalée par son courage dans cette action : au lieu que les Français n'avoient perdu que douze cents hommes, du nombre desquels toutefois étoit leur général *Jacques Galiot*, qui jouissoit déja d'une assez grande réputation.

Lorsque la nouvelle de cette défaite des Bretons arriva en Angleterre, le roi s'éveilla enfin. Il ne lui restoit plus aucun prétexte spécieux pour continuer ses négociations avec honneur ; il voyoit, à n'en pouvoir plus douter, que la Bretagne alloit être envahie ; et il ne pouvoit se dissimuler que ses longs délais avoient mécontenté la nation, et avoient fait tort à sa réputation chez les étrangers. En conséquence, il se hâta d'envoyer, au secours du duc de Bretagne, un corps de huit mille hommes d'élite et très bien armés, sous les ordres de *Robert de Broke*. Cette troupe ayant profité d'un vent très favorable, débarqua en Bretagne, quelques heures après son départ, et se joignit aux restes de l'armée du duc, qui, après cette jonction, marcha droit à l'armée française, et campa près d'elle. Mais les Français, craignant de perdre les fruits de la victoire qu'ils venoient de remporter, et connoissant d'ailleurs le courage et l'ardeur des Anglois, sur-tout au commencement d'une guerre, se tinrent dans leur camp qui étoit très bien fortifié, déterminés à éviter la bataille. Cependant, pour miner peu à peu les troupes angloises, ils les firent harceler par leurs troupes légères; petites actions où les Anglois eurent presque toujours l'avantage, qu'ils durent à leurs *archers*.

Sur ces entrefaites, *François, duc de Bretagne,* vint à mourir. Le roi auroit pu aisément prévoir cet événement, il auroit même dû le supposer, et prendre ses précautions en conséquence; mais le sentiment de l'honneur, à la première nouvelle de la défaite des Bretons, l'ayant excité à agir promptement d'une manière quelconque, il n'avoit pas eu le temps d'approprier ses mesures à l'objet de cette guerre, et à la situation actuelle de la Bretagne.

Après la mort du duc, les principaux seigneurs de Bretagne, dont les uns avoient été gagnés par le roi de France, et les autres étoient livrés à l'esprit de parti, mirent les affaires de ce duché dans une telle confusion, que les Anglois n'y voyant plus aucun chef, ni aucun corps d'armée auquel ils pussent se joindre, ne craignant pas moins leurs alliés que leurs ennemis, et considérant que l'hiver approchoit, prirent le parti de repasser en Angleterre, après cinq mois de séjour en Bretagne. Ainsi, ces trois événemens réunis, la perte de la bataille de *Saint-Aubin,* la mort du duc de Bretagne, et la retraite des troupes angloises, furent les trois principales causes de la perte de ce duché ; disgrace que les uns attribuèrent au défaut de pénétration et de prévoyance du roi, et les autres au malheur de son temps.

Mais, quoique ces fruits momentanées de la convocation du parlement eussent été insuffisans pour sauver la Bretagne, cependant les fruits durables et propres aux assemblées de cette espèce, je veux dire les loix sages et salutaires qu'il établit, n'en eurent pas moins d'heureux effets, qui se sont étendus jusqu'à nous : car le parlement, ayant eu égard aux demandes de *Morton*, passa plusieurs bills importans sur les objets que le roi l'avoit invité à prendre en considération.

1°. L'autorité de la *chambre étoilée*, qui, jusqu'à cette époque, n'avoit eu d'autre base que les loix communes et anciennes du royaume, fut confirmée par un acte de ce parlement, du moins relativement à certains cas. Or cette cour peut être regardée comme une des plus sages et des plus utiles institutions de ce royaume ; car, dans cette judicieuse distribution du pouvoir judiciaire (distribution toutefois où ne se trouve point comprise la cour suprême du parlement), et en vertu de laquelle on a attribué à la *cour du banc du roi* le jugement des *délits contre la couronne ;* à celle *du banc commun*, les *procès en matière civile ;* à la *cour* de l'*échiquier*, toutes les *causes* relatives aux *revenus* et aux *émolumens* du *prince ;* et à la *cour* de la *chancellerie*, les *causes* qui exigent que la *rigueur excessive* de la *loi* soit *adoucie* par la *décision* d'un *prud-*

homme (genre d'autorité fort analogue à celle que le *préteur* exerçoit à *Rome*), c'est avec raison que, dans tous les temps, on a réservé *la plus haute jurisdiction au conseil privé du roi*, en lui attribuant le pouvoir de connoître de tout ce qui peut tendre à ruiner ou à ébranler la constitution par la force de l'exemple, ou par l'étendue de ses conséquences. Lorsque ces causes tiennent du *criminel*, les conseillers siègent dans la *chambre étoilée ;* si elles tiennent du *civil*, ils rendent leurs jugemens dans cette autre salle, appellée *la chambre blanche ;* or, de même que le pouvoir judiciaire de la *chancellerie* a de l'analogie avec celui du *préteur*, l'autorité de la *chambre étoilée* (hors les cas de crimes capitaux) a du rapport avec celle des *censeurs*. Cette *chambre étoilée* étoit et est encore toute composée d'*élémens très bien choisis ;* car elle l'est de quatre sortes de personnes, savoir, de *conseillers du roi*, de *pairs*, de *prélats*, et *des principaux juges des autres cours*. Elle connoît aussi de *quatre principales espèces de délits;* savoir, la *violence*, la *fraude*, les différentes espèces de *stellionat;* enfin, les *tentatives criminelles*, appellées *actes moyens*, et tendant à des crimes capitaux, à des actes, dis-je, qui, étant très criminels, quant à leur *fin*, n'ont pas été jusqu'à l'*exécution*, et n'ont pas eu leur *plein effet.* Mais ce que le roi avoit eu principalement en vue, en demandant ce statut, c'étoit de se faire atttribuer un pouvoir suffisant pour prévenir les attroupemens tumultueux et les ligues factieuses, en ôtant leurs principales causes ; savoir, les associations trop nombreuses de sujets des dernières classes, et le *patronat* des grands (1).

---

(1) Avant l'invention des rafinemens du luxe qui, en multipliant nos plaisirs, ont multiplié, en plus grande proportion, nos besoins et nos chaînos, les plus opulens seigneurs, et, en général, les grands propriétaires employoient l'excédant de leur revenu à entretenir, sous le nom de *serviteurs* ou de *cliens externes,* un grand nombre de *fainéans courageux* auxquels ils donnoient une *li-*

Après avoir pris ces mesures pour entretenir la paix dans tout son royaume, le roi voulut ensuite la faire régner dans

vrée et certains *gages*, demi-valets dont le service consistoit à accompagner leur *maître* ou *patron* dans toutes les occasions où il étoit obligé de représenter, dans ses expéditions militaires contre l'ennemi commun, contre d'autres seigneurs, ou contre son souverain ; enfin, dans tous les cas où il avoit quelqu'un à *honorer*, à *humilier*, à *défendre*, ou à *opprimer*. Mais, quand les belles manufactures de *Constantinople* et de l'Asie, les pierres précieuses, les agréables poisons de l'Amérique, et tous les jouets du luxe, eurent été introduits dans tous les états septentrionaux de l'Europe, par les croisades, par le commerce des *Vénitiens*, des *Pisans*, des *Génois*, ou par les expéditions de *Christophe Colomb* et de *Vasco de Gama*, ces grands propriétaires employèrent à *parer* leurs *maisons*, leur *table*, leurs *voitures*, leurs *personnes*, leurs *valets* et leurs *chevaux*, cet *excédant de revenu* qu'autrefois ils avoient employé à *soudoyer* un grand nombre de *valets-soldats*. Puis ils prodiguèrent le fonds même pour se procurer ces bagatelles, et ils devinrent *pauvres, solitaires et foibles*. Pour rétablir leurs fortunes, ils changèrent leurs serfs en fermiers ; ils leur accorsa propre cour, ou dans sa propre maison (domestique), et pourvoir à la sûreté, soit de ses officiers ou de ses conseillers mêmes, soit des principaux magistrats. Mais le statut destiné à remplir cet objet, étoit d'une nature assez extraordinaire; car il portoit que, si quelqu'un de la maison du roi, mais au-dessous du grade de *baron*, tramoit une conspiration contre la vie d'un conseil-

---

dèrent de longs baux; ils convertirent en rentes fixes et perpétuelles les redevances des individus, des villages, bourgs, villes, etc. Alors ne pouvant plus faire la loi au souverain, ils furent forcés de lui obéir; ils le flattèrent; ils mendièrent ses graces, ses secours, ses regards, et ils devinrent eux-mêmes ses valets, enfin ses esclaves : ainsi, le luxe, en nous donnant des besoins, nous a donné des maîtres; et en donnant d'immenses besoins à nos tyrans, nous a donné la liberté : d'abord, en brisant nos plus petites chaînes, il a rivé les grandes; puis, à force de frapper sur ces dernières pour les river aussi, il les a brisées; car, et le despotisme et la liberté, tout finit à force de croître; à force de tendre au mieux, on arrive au pis, et à force d'aller au pis, on arrive au mieux.

ler, ou de tout autre seigneur du royaume, il seroit jugé coupable de crime capital, quoique son dessein n'eût pas été exécuté. On jugea que cette loi étoit émanée des soupçons et des craintes du chancelier (*Morton*), personnage d'un caractère altier et superbe, qui, s'étant fait à la cour et dans la maison du roi, quelques ennemis mortels, avoit pourvu ainsi à sa propre sûreté ; que, pour décliner l'odieux qu'une loi de cette nature auroit pu jeter sur lui, il avoit eu l'attention de donner beaucoup d'extension à cette loi, et de faire participer à ses avantages tous les conseillers et tous les barons. Cependant il n'osa étendre la force réprimante de ce statut au-delà de la maison proprement dite du roi ; et il fut obligé de la restreindre, en la bornant aux personnes inscrites sur le rôle de cette maison, de peur qu'elle ne parût trop dure à la noblesse de l'ordre inférieur et au peuple, qui auroient eu droit de regarder un tel statut comme une *infraction de privilèges*, et comme une atteinte donnée à la douceur connue des loix angloises (1); effet qu'elle auroit eu si, dans tout autre cas que les crimes de *lèze-majesté*, la simple *intention* eût été réputée pour le *fait.* Cependant le motif même qu'on donna pour base à cette loi, et qui y fut inséré, savoir : *que tout attentat contre la vie d'un conseiller pouvoit être regardé comme un attentat indirect contre la personne du roi;* ce motif, dis-je, pouvoit également s'appliquer aux officiers de la maison du prince et à ses moindres sujets. Au reste,

___

(1) Ces loix sont si douces, que le supplice décerné contre les personnes convaincues du *crime de trahison* (et sous ce nom est comprise toute espèce d'insurrection contre la tyrannie), consiste seulement à *ouvrir le ventre au criminel, à en tirer le cœur et à lui battre les joues avec :* lorsqu'un écrivain *défend avec trop de chaleur les intérêts de la nation*, on se contente *de le mettre au pilori et de lui couper les oreilles;* en l'indemnisant toutefois par une *amende* qui le débarrasse de tout son superflu, et même de son nécessaire : quelle douceur !

cette loi, quoique restreinte (relativement à ceux qu'elle pouvoit atteindre), ne laissoit pas de remplir alors l'objet du chancelier ; mais, quelque temps après, il auroit eu grand besoin d'une loi générale (à cet égard), car, dans la suite, il ne se rendit pas moins odieux au peuple qu'aux gens de cour.

Après avoir ainsi travaillé à établir la paix à sa cour et dans sa propre maison, le roi voulut aussi la faire régner dans les maisons et les familles des particuliers. En conséquence, on établit une loi très sage et très réfléchie, portant que tout crime de *rapt violent*, c'est-à-dire, sans le consentement de la femme enlevée (à l'exception toutefois des filles *mineures* et des *servantes* (1)), seroit tenu pour *crime capital;* le parlement ayant jugé, avec raison, que le

---

(1) Voilà une exception qui nous paroît un peu singulière, et il semble que la loi doive, par des peines plus sévères, assurer une plus puissante protection aux femmes les plus exposées.

rapt violent, quoique suivi du consentement de la femme enlevée; consentement obtenu par des moyens de séduction et autres ruses, n'étoit au fond qu'un *rapt prolongé* (qu'un prolongement de rapt); ce consentement, donné après coup, n'étant qu'une suite et un effet du premier acte de violence (1).

On passa un autre bill, dont le but étoit de pourvoir à la sûreté des sujets de toutes les classes, de prévenir les meurtres, et de réformer les anciennes

---

(1) Ce consentement donné après coup par la femme enlevée est d'autant plus suspect, qu'elle ne peut plus avoir d'autre époux que son ravisseur, du moins dans sa propre classe. D'ailleurs, s'il ne s'agissoit, pour obtenir sans risques une femme quelconque, que de l'enlever, et de lui faire ensuite goûter cet enlèvement par les moyens connus, comme rien n'est plus commun que des femmes qui, quelque temps après leur enlèvement, aiment le ravisseur, un jeune homme qui auroit de la figure, de la vigueur, du courage et de la souplesse, pourroit choisir entre toutes les filles nubiles; comme le grand justicier de l'inflexible *Sixte-Quint* le représentoit à ce pontife.

loix, qui étoient très défectueuses sur ce point. Car l'ancienne loi portoit que la poursuite d'un meurtre *à la requête du roi*, ne commenceroit *qu'après l'an et jour;* délai qu'on accordoit à la veuve ou à l'héritier du mort, afin que l'un ou l'autre eût le temps d'entamer l'accusation, et de faire cette poursuite à sa propre requête : mais il en résultoit de grands inconvéniens, démontrés par des expériences réitérées ; la partie lésée se laissant gagner par argent, par l'offre d'une composition, et par d'autres moyens de séduction, ou lassée par la longueur du procès, abandonnoit la poursuite, et l'affaire s'assoupissoit d'elle-même. En sorte que la poursuite à la requête du roi, qui ordinairement est plus vive, plus facile et plus efficace, lorsque le délit est récent, étoit tout-à-fait négligée, ou se faisoit très mollement : inconvénient qu'on voulut prévenir par un réglement fort sage, portant que la poursuite à la requête du roi pourroit commencer avant l'an et jour; sans préjudice toutefois à la poursuite au nom de la partie lésée.

Ce fut aussi à cette époque que le roi, avec autant de prudence que de justice, commença à restreindre les privilèges abusifs du clergé; il fut réglé que tout ecclésiastique, atteint et convaincu de crime capital, seroit marqué d'un fer chaud à la main; loi dont le but étoit non-seulement de lui faire subir une punition corporelle quelconque, mais aussi de lui imprimer une note d'infamie. Mais cette loi, si salutaire et si juste, servit ensuite de prétexte à *Perkin*, pour calomnier le roi dans sa déclaration, où il le qualifioit d'impie, d'homme exécrable, qui avoit l'audace d'attenter aux privilèges de la sainte Église.

Une autre loi, tendante également à faire régner le calme dans l'intérieur du royaume, portoit que tout officier ou tenancier du roi, qui se mettroit à la suite des barons, ou des autres grands propriétaires, sans être proprement leur domestique, ou qui auroit assisté à des assemblées illicites, en seroit puni par la perte de son office ou de sa ferme (de son *tenement*).

Toutes ces loix tendoient également à prévenir les violences et les troubles. Elles étoient bien nécessaires alors; et une preuve qu'elles furent dictées par la prudence, c'est qu'elles subsistent encore aujourd'hui, ayant, pour ainsi dire, été confirmées et sanctionnées par le temps et l'expérience.

On établit encore d'autres loix non moins utiles contre l'*usure*, qu'on peut regarder comme un *abus de l'argent*, contre les changes illicites, les faux contrats et autres actes qu'on peut ranger dans la même classe, et dont chacun est, en quelque manière, l'*abus d'un abus*.

On passa aussi des bills pour assurer la perception des impôts et des droits du roi, ainsi que la conversion de l'argent provenu de la vente des marchandises étrangères, en marchandises angloises; etc.

Mais, quoique les loix établies durant cette session, aient produit à la longue des effets très salutaires, cependant le subside pécuniaire que cette assemblée accorda au roi, fut regardé comme un fruit très amer et une vexation. A la vérité, toute cette moisson entra dans les greniers du roi; mais ce ne fut qu'après un violent orage. Lorsque les commissaires percepteurs voulurent lever le subside dans le comté d'*Yorck* et dans l'évêché de *Dunelm*, le peuple se souleva aussi-tôt, se plaignant hautement des exactions qu'il avoit souffertes durant les années précédentes, et déclarant nettement qu'il n'avoit ni le pouvoir, ni la volonté de supporter ce subside. L'indigence du peuple n'étoit pas la seule cause de ce soulèvement, il avoit aussi pour principe l'ancienne affection de ces provinces pour la maison d'*Yorck; Richard III* y étoit même vivement regretté. Cet esprit de parti étoit une sorte de *lie* qui s'étoit déposée au fond des cœurs; il suffisoit de remuer un peu le vase, pour la faire monter et troubler la liqueur. On peut croire aussi que le peuple de ces cantons ne se souleva qu'à l'instigation de quelques seigneurs mécontens et ennemis du roi, qui, ayant beaucoup d'ascendant sur le peuple, abusoient ainsi de leur popularité. Quoi qu'il en soit, les commissaires, intimidés par ces commencemens de sédition, en instruisirent le comte de *Northumberland*, qui commandoit en chef dans ces provinces. Ce seigneur en donna aussi-tôt avis au roi, sans lui rien dissimuler sur l'état des choses, en lui déclarant, sans ménagement, à quel point le peuple étoit mécontent, et en lui demandant des ordres précis à ce sujet. Le roi répondit impérieusement qu'il ne rabattroit pas une obole du subside que le parlement lui avoit accordé, attendu que, s'il se relâchoit, à cet égard, en faveur de ces comtés, tous les autres suivroient leur exemple et se souleveroient aussi pour obtenir une diminution; qu'il ne souffriroit pas qu'une populace insolente rendît inutile pour lui la libéralité du parlement, dans les suffrages duquel se trouvoient compris ceux du peuple, que cette assemblée représentoit. En conséquence de cet ordre, le comte ayant assemblé les principaux justiciers et les *francs-tenanciers* de ce comté, leur déclara la volonté du roi en termes aussi impérieux que ceux de la lettre de ce prince ; style très déplacé dans une telle circonstance, mais qui sembloit convenir assez à un seigneur dont le caractère étoit aussi dur que l'ordre qu'il avoit reçu. Ce ton despotique produisit l'effet auquel on devoit s'attendre (1) ; non-seulement il augmenta le mécontement du peuple ; mais ces termes si impérieux et si méprisans, que le comte employoit au nom du prince, firent

---

(1) L'homme public doit, autant qu'il est possible, tempérer les loix trop rigoureuses, par la douceur de ses expressions, et renforcer des loix trop foibles, par la vigueur de ses discours ; car trop souvent le législateur sait fabriquer l'étoffe

soupçonner que cet ordre venoit de lui-même, et qu'il l'avoit suggéré au roi. Le bas peuple, ainsi poussé à bout, courut aux armes, attaqua le comte dans sa maison, et l'y massacra, avec quelques-uns de ses domestiques. Ce ne fut pas tout, ils mirent à leur tête *Jean Egremont*, homme d'un caractère turbulent et séditieux, qui, depuis long-temps, étoit irrité contre le roi. Puis échauffés par *Jean Chambers*, homme de la plus basse extraction, qui avoit beaucoup d'ascendant sur cette populace, et la gouvernoit à son gré, ils arborèrent l'étendard de la révolte, déclarant hautement qu'ils marchoient contre le roi, déterminés à le combattre pour la défense de leur liberté.

La nouvelle de cette insurrection cau-

---

et ne sait pas prendre la mesure. J'observe aussi dans l'histoire de toutes les nations, que les mauvaises paroles sont beaucoup plus dangereuses que les mauvaises actions : pour plumer la poule, sans la faire crier, il faut la flatter.

sa peu d'inquiétude au roi; c'étoit une sorte de *maladie périodique* dont il étoit attaqué tous les ans, et à laquelle il étoit accoutumé. Cependant il donna ordre au *comte de Surrey*, auquel il avoit depuis peu rendu la liberté et ses bonnes graces, de lever un corps de troupes assez nombreux, et de marcher aussi-tôt contre les rebelles. Le comte, en conséquence de cet ordre, alla droit à eux, les attaqua sur-le-champ, et les défit. *Jean Chambers*, le principal boute-feu des rebelles, fut du nombre des prisonniers. Mais *Jean Egremont*, qui avoit pris le parti de la fuite, passa en Flandre, et se réfugia auprès de *Marguerite*, *duchesse de Bourgogne*, dont le palais étoit l'asyle de tous les traîtres et de tous les ennemis du roi. *Chambers* fut exécuté dans la ville d'*Yorck*, avec le plus grand appareil; il fut mis à une potence très élevée et construite exprès, au milieu des fourches carrées; supplice auquel il fut condamné comme coupable de haute trahison; et un grand nombre de ses complices furent pendus aux traverses les plus basses de ce gibet; en sorte qu'il en étoit tout environné. Le roi, en cette occasion, fut fidèle à sa règle ordinaire, qui étoit d'être toujours le premier, ou du moins le second, dans les expéditions de cette nature, mettant ainsi en pratique ce qu'il avoit coutume de dire à la première nouvelle d'une révolte : *Je ne demande qu'à les voir* (les rebelles); car, dès qu'il eût fait marcher le *comte de Surrey* contre ceux-ci, il le suivit de près; et quoique, dans sa route, il eût appris la nouvelle de la victoire de ce seigneur, il ne laissa pas de pousser jusqu'à la ville d'*Yorck*, afin de contenir, par sa présence, les peuples de ces provinces, et d'y rétablir le calme. Après quoi il retourna à *Londres*, laissant dans ces parties septentrionales le *comte de Surrey*, pour son lieutenant, et *Richard Tonstall*, pour son premier commissaire préposé à la levée du subside, sur lequel il ne se relâcha pas d'une obole.

Dans le temps même où le roi venoit de perdre un serviteur aussi zélé que le comte de *Northumberland*, il perdit encore un ami sûr et un allié fidèle ; je veux dire *Jacques III*, roi d'Ecosse, qui périt misérablement. Ce prince infortuné, après avoir été exposé, pendant plusieurs années, à tous les effets de la haine des grands et du peuple, qui se manifesta ensuite par une révolte déclarée, et par de fréquentes révolutions, à sa cour même, fut enfin opprimé par ses propres sujets. Car ils prirent les armes contre lui, et ayant surpris le prince *Jacques*, son fils, ils le retinrent comme prisonnier, en partie par force, en partie par crainte, lui ayant déclaré que, s'il refusoit de rester avec eux, ils livreroient le royaume aux Anglois. Leur but, en le retenant ainsi parmi eux, n'étoit que de pallier leur révolte, en se donnant pour chef apparent un prince à qui ils n'en laissoient que le titre. Le roi d'Ecosse, se croyant hors d'état de leur résister, implora le secours de *Henri*, du *pape*, et du roi de France, leur demandant leur interposition pour ménager un accord entre lui et ses sujets. Ces princes accueillirent honorablement les ambassadeurs du roi d'Ecosse, et lui offrirent leur médiation avec toute la générosité qui convenoit à de si grands princes. Ils ne se contentèrent pas de faire aux rebelles de simples demandes, et d'employer des raisons pour les persuader ; mais ils y joignirent des protestations et des menaces, en leur déclarant nettement que cette affaire intéressoit tous les souverains, qui se croiroient eux-mêmes en danger, s'ils souffroient que des sujets fissent la loi à leur souverain. Mais les rebelles, qui avoient déja rompu le lien de l'obéissance, ne balancèrent pas à rompre celui de la modération, qui est ordinairement beaucoup moins fort; et leur fureur l'emportant sur toutes leurs craintes, ils répondirent qu'il seroit inutile de leur parler de paix et d'accommodement, tant que le roi n'auroit pas abdiqué la couronne. Cette insolente réponse ayant fait rompre les conférences, on en vint aux mains sur les rives de la petite rivière de *Banoche*, près de *Sterlin*. Dans ce combat, le roi d'Ecosse, aveuglé par la colère, se jeta précipitamment dans la mêlée, sans attendre que toutes ses troupes l'eussent joint; mais il fut repoussé; et s'étant retiré dans un moulin qui se trouvoit dans la plaine où cette bataille fut livrée, il y fut tué, contre l'ordre formel du prince son fils, qui avoit enjoint à ses soldats de l'épargner.

Quant à la médiation du *pape*, si le nonce *Adrien de Castello* fût venu à temps, son entremise auroit pu être très utile dans de telles circonstances; malheureusement il ne vint qu'après coup. Mais si ce nonce arriva trop tard pour les intérêts du roi d'Ecosse, il arriva assez tôt pour sa propre utilité : car, en passant par l'Angleterre pour se rendre en Ecosse, il fut très bien reçu du roi, qui affecta toujours beaucoup de déférence pour le saint-siège (1); il s'insinua très avant dans la faveur de ce prince, gagna sa confiance, et contracta l'amitié la plus intime avec le chancelier *Morton :* en sorte que le roi, qui goûtoit le tour d'esprit, les discours et les manières de ce nonce, lui conféra l'évêché d'*Hereford*, et dans la suite celui de *Bath*, jugeant qu'il pourroit être utile à ses intérêts, et concourir à ses desseins. Il se servit de son entremise dans plusieurs affaires dont la décision dépendoit de la cour de Rome. Aussi Henri ne pouvoit-il faire un meilleur choix, ce nonce étant en effet un personnage distingué par son érudition, sa prudence et sa dextérité. Peu de temps après, ayant été fait cardinal, il fut très reconnoissant des bienfaits du roi; et entretenant avec ce prince une correspondance suivie, il l'instruisit, avec au-

---

(1) Afin d'obtenir *un peu d'huile sainte pour vernir son usurpation.*

tant d'exactitude que de jugement et de sagacité, de tout ce qui se passoit en Italie, et de la situation politique de cette contrée. Cependant, sur la fin de sa vie, il fut complice d'une conspiration tramée par *Alphonse Petrucci*, et quelques autres cardinaux, contre la vie du pape *Léon X;* attentat d'autant plus odieux, qu'il n'y fut porté par aucun sujet de mécontentement ou de haine personnelle, mais par la criminelle ambition qui le fit aspirer à la papauté. A cet indigne motif qui l'y détermina, se joignit un préjugé ridicule, car on dit que la principale raison qui l'avoit excité à élever si haut ses vues, c'étoit une prédiction de je ne sais quel devin, qui prétendoit que le successeur de *Léon X* porteroit le nom d'*Adrien;* que ce seroit un personnage très âgé et de basse extraction, mais distingué par ses lumières et sa prudence; prédiction que le cardinal dont nous parlons s'appliquoit à lui-même, à cause des traits de conformité qu'il avoit avec ce portrait, et qui néanmoins s'accomplit en la personne d'*Adrien*, Flamand d'origine, fils d'un brasseur du même pays, cardinal de *Tortose*, et précepteur de *Charles V*; pontife qui ayant succédé à *Léon X*, conserva son nom de famille, et prit celui d'*Adrien VI* (1).

Mais ces événemens n'eurent lieu que l'année suivante, qui étoit la cinquième du règne de *Henri VII*. A la fin de la quatrième, il convoqua de nouveau le parlement; non qu'aucun nouveau besoin rendît cette convocation nécessaire, mais parce qu'ayant été obligé de

---

(1) Les spéculations et la conduite de ce cardinal étoient plus que superstitieuses, elles étoient extravagantes; car n'est-il pas clair qu'il devoit raisonner ainsi? Si la prédiction du devin est vraie, je n'ai pas besoin d'assassiner un pape, pour le devenir : si elle est fausse, je ne dois fonder aucune espérance sur une telle chimère; mais je dois étudier avec soin le génie et les intérêts divers des membres du sacré collège, afin de mettre le saint-esprit de mon côté; mais sur-tout avoir, comme Sixte-Quint, assez d'esprit pour me faire regarder comme un sot.

terminer tout à coup la précédente session, pour s'occuper des préparatifs de la guerre de Bretagne, il croyoit n'avoir pas encore récompensé l'affection et la libéralité de ses sujets, par un assez grand nombre de loix salutaires; genre de retour ou de rétribution dont il paya toujours ses sujets, lorsqu'ils lui accordèrent des subsides. D'ailleurs, la révolte excitée dans les provinces septentrionales, ne lui ayant que trop appris que les cœurs de ses sujets étoient aliénés de sa personne, il vouloit les ramener par d'utiles ordonnances. Aussi ne peut-on disconvenir qu'il n'ait signalé son règne par la sagesse de ses institutions; et il peut, à juste titre, être regardé comme le plus grand législateur de l'Angleterre, après *Edouard I.* Car, pour peu qu'on médite attentivement sur ces loix de *Henri VII*, on reconnoît que ce ne sont rien moins que des réglemens vulgaires et provoqués par le besoin du moment, mais des loix dérivées d'une prudence profonde; elles annoncent un prince plein de prévoyance, qui sait étendre sa vue dans un avenir éloigné, pour assurer à son royaume une prospérité toujours croissante, à l'exemple de ces législateurs des temps héroïques.

En premier lieu, Henri établit une loi qui étoit parfaitement d'accord avec ses actions, et qui convenoit également à la situation politique de l'Angleterre : car, de même qu'il avoit terminé, en sa personne et par son mariage, cette longue querelle des deux maisons *d'Yorck* et de *Lancastre*, pour la couronne : de même aussi, par l'heureux effet de cette loi dont nous parlons, il termina les différens de ses sujets, et rétablit la paix entre eux, relativement à leurs terres et autres possessions ; il fut réglé que ce genre de transactions connues sous le nom de *fins* (*de non-recevoir*), seroient vraiment *finales*, et mettroient fin à tout procès ; que leur effet seroit d'éteindre tous les droits, non-seulement ceux des parties, mais même ceux de toute autre personne ; de manière cependant qu'après que ces fins auroient été déchargées, et que cette décharge auroit été proclamée, le demandeur auroit encore, après l'exhibition de son titre, cinq années pour recouvrer ses droits, ou du moins pour les réclamer; avec certaines exceptions toutefois en faveur des mineurs, des femmes mariées et autres personnes incapables de défendre leurs droits : que, s'il laissoit écouler ce temps sans réclamation, il perdroit ses droits pour toujours. Ce statut ne faisoit au fond que rétablir un autre statut fort ancien, qui avoit été porté suivant la teneur et l'esprit des loix communes. A l'ancienne loi on avoit substitué, sous le règne d'*Edouard III*, le statut connu sous le nom de *non clameo*. Cette loi, qu'établit *Henri VII*, pouvoit être regardée comme un heureux présage de la paix durable qui a presque toujours régné depuis son temps jusqu'au nôtre. Car les statuts de *non clameo* conviennent aux temps de guerres et de troubles; temps où les hommes, trop distraits par les dangers dont ils sont menacés, n'ont pas le loisir de s'occuper de leurs affaires domestiques; et les statuts tendant à confirmer le droit de possession, conviennent aux temps de paix, et sont propres pour éteindre ces procès et ces discussions, qui ne sont que trop souvent des fruits pernicieux de la paix (1).

On passa un autre acte qui fut inspiré par une prudence consommée et par la plus profonde politique; loi qui tendoit visiblement à l'accroissement de la prospérité du royaume (et même, si on la considère de plus près, à l'accroissement de ses forces militaires); car ce fut à peu près vers ce temps dont nous parlons, que les *haies* et les *clôtures* commencèrent à se multiplier excessivement

---

(1) La paix n'est qu'une chimère; les hommes que les relations les plus étroites sembleroient devoir unir, sont toujours en guerre, ou contre un ennemi commun, ou les uns contre les autres; et quand la guerre extérieure finit, la guerre intestine commence.

dans les campagnes : pratique dont le principal inconvénient étoit, que *les terres labourables* qui exigent une grande population, étoient converties en *pâturages*, qui n'employoient qu'un petit nombre d'individus nécessaires pour garder les troupeaux. De plus, les *fermes* et les *tenemens à volonté*, soit à vie, soit pour un certain nombre d'années, *tenemens* qui procuroient la subsistance à un grand nombre de *métayers*, furent convertis en *domaines* : autre usage dont l'effet étoit aussi de diminuer considérablement la population, et, par une conséquence nécessaire, le nombre des villages, des paroisses, des bourgs, des églises, le produit des *décimes*, etc. Le roi savoit aussi (et il n'étoit pas homme à l'oublier) que la diminution du produit des subsides et de ses revenus en résultoit également : car, plus les nobles ou les hommes vivant noblement se multiplient, plus la somme totale du produit des subsides décroît. La prudence du roi et du parlement se signala par le choix du remède à ces inconvéniens. On n'eut garde d'interdire formellement les clôtures dans les champs, ce qui auroit été vouloir diminuer le produit de la culture, et cette partie des revenus, qui est le produit de son amélioration. On ne voulut pas non plus forcer les peuples, par une loi formelle et positive, à s'en tenir au seul labourage, et à convertir ces prairies en terres labourables, ce qui auroit été lutter souvent contre la nature même et contre la force des choses (1). Mais on prit un sage tempérament sur ce point, en ne défendant que les clôtures et les pâturages qui tendoient visiblement à diminuer la population; ce qu'on ne défendit pas non plus par une loi formelle, ni par aucun réglement impérieux et comminatoire, mais indirectement, et par les seules conséquences de la loi qu'on établit. Elle portoit que tous

---

(1) De plus, vouloir forcer les citoyens à faire valoir leur terre de telle manière plutôt que de telle autre, c'est attenter au droit de propriété.

les bâtimens de fermes auxquels furent annexés vingt arpens de terre, ou plus, seroient entretenus avec soin et réparés au besoin, ainsi que la portion de terre qui en dépendoit, et qui ne pourroit jamais en être séparée, comme le déclaroit plus amplement un statut fait sous le règne de son successeur. Cependant les confiscations qu'encouroient ceux qui négligeoient ces réparations, n'étoient point l'effet d'une action intentée par la voie des tribunaux ordinaires ; mais la terre même tomboit, *ipso facto*, en la main du roi ou du seigneur immédiat auquel la moitié du produit net étoit dévolue jusqu'à ce que la maison fût réparée, et la terre remise en valeur. Or, pour que ces maisons fussent ainsi entretenues, il falloit qu'elles fussent habitées, et l'entretien de cette terre qui y étoit annexée, demandoit que celui qui y résidoit, ne fût rien moins qu'un mendiant ou un misérable paysan, mais un homme aisé, qui fût en état de nourrir une famille et de faire valoir la terre. Cette disposition tendoit visiblement à l'accroissement de la population. De plus, il importoit qu'à chaque *ferme* ou *tenement*, fût annexée une étendue raisonnable de terre, qui pût entretenir un homme de condition moyenne, et le mettre au-dessus du besoin. Un autre effet de cette loi étoit d'affecter la propriété de la plus grande partie des terres du royaume à des cultivateurs aisés et à des hommes de condition moyenne ; moyenne, dis-je, entre celle des gentilshommes et celle des simples journaliers. Or, que cette disposition tendît à l'accroissement des forces militaires du royaume, c'est ce qu'il est aisé de prouver, soit par les principes mêmes de l'art militaire, soit par des exemples tirés des autres nations ; car le sentiment de la plupart des hommes qui excellent dans cet art (de la plupart, dis-je, et non de tous, quelques-uns d'entre eux étant d'un autre sentiment, et cette règle exigeant quelques distinctions), est que la force des armées consiste principalement dans leur infanterie. Or, une infanterie ne peut avoir de vigueur et de courage qu'autant qu'elle est composée d'hommes qui ne soient ni d'une condition servile, ni trop nécessiteux, mais de condition libre et au-dessus du besoin. Ainsi, lorsque, dans un royaume, ou, en général, dans un état, les nobles ou les personnes vivant noblement, se multipliant excessivement, les cultivateurs ne sont que des journaliers ou des valets au service de ces propriétaires, ou encore de misérables *métayers* habitant une maison d'emprunt, et qu'on peut regarder comme de vrais *mendians domiciliés*, il peut avoir une bonne cavalerie ; mais il a nécessairement une mauvaise infanterie. Il en est, à cet égard, des états comme des taillis ; si on y laisse trop de baliveaux, il ne croît plus autour de ces arbres que des bruyères et des broussailles, mais peu de bois net et franc. C'est ce dont on voit des exemples sensibles en France, en Italie, et dans quelques autres parties de l'Europe, où la nation est presque entièrement composée de nobles et de métayers fort pauvres (je parle du peuple des campagnes, et non de celui des villes), et où l'on ne voit que très peu de bourgeois et de personnes de condition moyenne; car leur infanterie est sans vigueur et sans courage. Aussi voit-on assez ordinairement que, pour s'en procurer une meilleure, ou pour renforcer et soutenir la leur, ils emploient des troupes mercenaires, et prennent à leur solde des Suisses ou des Allemands; en sorte que ces nations ont beaucoup d'hommes et peu de soldats. Le roi voyoit, au contraire, que l'Angleterre, quoique son territoire fût beaucoup moins étendu que celui des états dont nous parlons, ne laissoit pas d'avoir beaucoup plus de soldats et des troupes très supérieures. Moyennant cette sage institution, le roi, s'il m'est permis d'employer le langage de la fable, *semoit les dents de l'hydre d'où devoient naître des soldats tout armés, pour défendre son royaume et en reculer les limites.*

Durant la même session, le roi voulant augmenter le nombre de ses vaisseaux et de ses matelots, pour augmenter ses forces de mer, en même temps que ses forces de terre, ordonna que les *vins* et la *garence* que l'Angleterre tiroit du *Languedoc* et de la *Guyenne*, ne seroient importés que sur des vaisseaux anglois ; tournant ainsi peu à peu vers la puissance militaire, l'administration du royaume, qui jusqu'alors n'avoit encore eu en vue que l'abondance et le bon marché. Car presque tous les anciens statuts sembloient inviter les marchands étrangers à importer des marchandises de toute espèce, pour les y rendre communes, et y faire baisser leur prix d'autant ; sans égard aux raisons politiques et locales qui devoient porter l'Angleterre à s'occuper de l'accroissement de ses forces de mer, ni au besoin que ce royaume a d'une puissante marine.

Le roi fit aussi passer, dans cette assemblée, un bill comminatoire, et sanctionné par des peines très sévères, pour obliger tous les justiciers à remplir leur devoir, et à exercer leurs fonctions avec exactitude, offrant l'appui de son autorité à ceux qui formeroient des plaintes contre eux, et chargeant de noter leur négligence, d'abord leurs collègues mêmes, puis les assises des justiciers, enfin le chancelier même ; voulant de plus que l'édit qu'il avoit fait publier dans cette vue, fût lu aux quatre sessions publiques de chaque année, pour entretenir la vigilance des juges ; il espéroit que, par ce moyen, ses loix pénales seroient exactement observées, et qu'il obtiendroit l'un de ces deux effets, ou une exacte obéissance, ou des amendes ; dernier article dont il ne s'occupa que trop sur la fin de son règne. Dans les mêmes vues, il abolit une forme de procédure abusive, dont l'inconvénient le plus ordinaire étoit que les informations juridiques prescrites par les loix pénales, étoient comme étouffées par d'autres informations illusoires que présentoient des personnes gagnées par les délinquans, d'où il arrivoit que l'instruction du procès ne tendoit qu'à la décharge de ces derniers, se terminoit à leur gré, prenoit fin quand ils le vouloient, et qu'ensuite on rejetoit les véritables formes de procédure, sous prétexte d'épargner aux accusés une seconde poursuite, qu'on qualifioit alors de vexation.

On passa encore un *bill*, pour réformer la monnoie du pays, et punir ceux qui altéroient les monnoies étrangères auxquelles des édits émanés du trône avoient donné cours dans le royaume. Il fut aussi défendu de faire aucun paiement en or aux étrangers, afin de faire rester dans le royaume cette sorte de monnoie; car l'or est une monnoie de peu de volume, facile à cacher et à passer en fraude (1).

On fit aussi un réglement, tendant à

---

(1) Si elle est facile à passer en fraude, il est donc facile de violer la loi qui en défend l'exportation, et par conséquent cette loi est toujours impuissante; mais l'ouvrage que je traduis est celui d'un chancelier, et non celui d'un négociant.

encourager les manufactures d'étoffe de laine, et à faire rester les laines dans le royaume : on fit plus, on modéra et on limita le prix de ces étoffes, en fixant un prix pour les draps les plus fins, et un autre prix pour les plus grossiers; ce que je rapporte ici volontiers, soit parce que rarement on fixe ainsi le prix des marchandises, sur-tout le prix de celles du pays, soit à cause du sage tempérament qu'on joignit à ce réglement; car il ne fixoit pas avec trop de précision les prix des draps de différentes qualités, mais il défendoit seulement d'en fabriquer, dont le prix excédât celui qui avoit été fixé par le statut, afin que les fabricans pussent régler la qualité de leurs étoffes sur ce taux, et ne souffrissent aucune perte (1).

_____

(1) Voilà une loi fort sage pour se procurer de mauvais draps, et pour donner tout avantage aux étrangers qui en fabriquent de meilleurs. Le cultivateur, le manufacturier et le marchand savent toujours, beaucoup mieux que le gouvernement le plus éclairé, ce qui leur est avantageux; et ces

Il y eut beaucoup d'autres loix établies durant cette session ; mais j'ai cru ne devoir faire mention que des principales. Nos lecteurs seront peut-être étonnés de nous voir nous arrêter si long-temps à parler des loix qui furent établies sous le règne de ce prince. Mais ils nous excuseront aisément, pour peu qu'ils considèrent les motifs qui nous ont portés à entrer dans quelques détails sur ce sujet. En premier lieu, le genre de mérite propre à ce prince, dont nous tâchons d'honorer la mémoire, et celui qui le caractérise, c'est d'avoir été *un grand législateur.*

---

trois classes de citoyens sont si nécessaires les uns aux autres, que chacune, si elle entend bien son intérêt, en travaillant pour elle-même, travaille, par cela seul, pour les deux autres; l'intérêt général n'étant, après tout, que la somme des intérêts particuliers bien entendus. Quand le prince veut être cultivateur, artisan et négociant, il apprend tous les métiers, excepté le sien. Tout ce qu'il peut et doit faire pour ses sujets, c'est de leur assurer le produit de leur travail, en leur procurant la sûreté, la liberté et des communications faciles.

En second lieu, ces détails ont une relation très étroite avec nos fonctions et notre genre de vie. 3°. Notre principal motif est de suppléer aux omissions des meilleurs historiens sur ce point; la plupart d'entre eux n'ayant pas assez souvent l'attention de rapporter sommairement les loix les plus mémorables qui aient été établies dans les temps dont ils écrivent l'histoire. Car, après tout, les loix sont les principaux actes des temps de paix; et quoique assez ordinairement on trouve ces loix dans les collections où elles sont consignées, et qui ont cette destination, cependant, lorsqu'on ne les puise que dans de telles sources, elles donnent moins de lumières aux princes, à leurs conseillers, et, en général, aux hommes publics, que s'ils les voyoient tracées et comme peintes dans le tableau des temps (1).

---

(1) Où il est plus facile d'en saisir *l'esprit*, parce qu'on y voit les *besoins* ou les *intérêts* qui les ont fait établir.

Vers le même temps, le roi fit un emprunt de 4000 liv. (sterling) sur la ville de *Londres*; somme double de celle qu'il avoit empruntée précédemment, et qui fut aussi payée très exactement au terme convenu ; la règle constante de ce prince étant de ne se laisser jamais manquer d'argent, et *d'emprunter un peu trop tôt, pour ne pas payer trop tard.*

Cependant le roi ne négligeoit pas entièrement l'affaire de la Bretagne, et n'avoit pas encore perdu toute espérance relativement à ce duché. Il se flattoit même de pouvoir se rendre maître de l'événement, et maîtriser les circonstances à force de prudence ou d'artifice, quoique la voie des armes ne lui eût pas réussi ; et n'ayant pu empêcher le roi de France de vaincre, il vouloit du moins le priver des fruits de sa victoire. Le point le plus essentiel de son plan étoit d'encourager *Maximilien* à presser la conclusion de son mariage avec *Anne*, héritière de la *Bretagne*, et de le secourir efficacement, pour le mettre à portée de venir le consommer. Mais les affaires de *Maximilien* étoient alors dans le plus grand désordre par la révolte des Flamands ses sujets ; car les habitans de *Gand* et de *Bruges*, durant le séjour même de ce prince dans leurs villes, et sans être contenus par sa présence, avoient pris les armes, et après avoir massacré ses premiers officiers, lui avoient donné une garde, et l'avoient tenu comme prisonnier, jusqu'à ce que lui-même, avec quelques-uns de ses conseillers, eût promis avec serment de leur accorder une abolition générale du passé, et de ne tirer aucune vengeance de l'affront qu'ils lui avoient fait. Cependant l'empereur *Frédéric*, père de *Maximilien*, ne voulut pas souffrir qu'un tel affront fait à son propre fils, demeurât impuni, et ayant déclaré la guerre aux Flamands, il la poussa vivement. Mais *monsieur de Ravestein*, personnage qui jouissoit d'un grand pouvoir sur l'esprit de *Maximilien*, et un de ceux qui avoient fait avec lui le serment (relatif à l'abolition générale du passé), feignant de se croire lié par ce serment, mais déterminé en effet par ses vues ambitieuses, ou, comme on le prétendit alors, ayant été gagné par la France, abandonna le parti de l'empereur et de *Maximilien*, puis il se mit à la tête du parti rebelle, s'empara des villes d'*Ypres* et de l'*Ecluse*, ainsi que de leurs châteaux, et envoya aussitôt demander du secours à *M. de Cordes*, gouverneur de la *Picardie*, l'exhortant en même temps à se déclarer, au nom du roi de France, protecteur des villes de la ligne flamande, et à marcher en personne pour réduire les autres. *De Cordes*, qui étoit tout prêt à profiter d'une occasion qu'il avoit, en partie, provoquée lui-même, envoya aussi-tôt le secours demandé; et ce secours étoit si considérable, qu'il étoit aisé de voir qu'il avoit fait de longue main ses préparatifs; il donna ordre à ceux qui commandoient ces troupes, de s'emparer de toutes les villes situées entre *Bruges* et la *France*, ordre qu'ils commencèrent à exécuter, en mettant aussi-tôt le siège devant la petite ville de *Dixmude*, où une partie des troupes flamandes vint se joindre à eux. Durant ce siège, le roi d'Angleterre, sous prétexte de mettre en sûreté le territoire de *Calais*, mais réellement pour soutenir *Maximilien*, et le soustraire à un mépris qui auroit mis obstacle au mariage de ce prince avec l'héritière de Bretagne, envoya aussi-tôt à *d'Aubeney*, gouverneur de *Calais*, un corps de mille hommes, commandé par le *baron de Morlai*, avec des ordres secrets, portant qu'ils eussent à soutenir *Maximilien*, et à faire lever le siège de *Dixmude*. *D'Aubeney* ayant fait courir le bruit que ces troupes n'étoient destinées qu'à garder les limites du territoire anglois, tira des garnisons de *Calais*, de *Ham* et de *Guines*, mille soldats, qui, avec le secours envoyé par *Henri*, formèrent un corps d'environ deux mille hommes; ces troupes, auxquelles se joignirent quelques compagnies d'Allemands, se jetèrent dans *Dixmude*, à l'insu des ennemis, traversèrent la ville en diligence, prirent, en passant, une partie des troupes qu'ils y trouvèrent, et fondirent sur le camp ennemi, gardé avec d'autant plus de négligence, qu'on ne s'y attendoit à rien de semblable. Le combat fut très sanglant, et les Anglois y eurent l'avantage, ayant tué aux ennemis environ huit cents hommes, et n'en ayant perdu qu'environ une centaine, du nombre desquels toutefois étoit le *baron de Morlai*. Ils prirent aussi la grosse artillerie des ennemis, et firent un riche butin, que *d'Aubeney* laissa à *Nieuport* avec ses blessés, et tous les soldats qui voulurent y rester : après quoi il rentra en triomphe dans *Calais*. Cependant M. *de Cordes* voulant réparer ces pertes, et effacer l'affront reçu à *Dixmude*, marcha aussi-tôt en personne avec de grandes forces, et alla assiéger cette même ville ; après quelques jours de siège, il résolut de tenter l'assaut : au commencement de l'attaque, il eut d'abord tant de succès, qu'il parvint à s'emparer de la principale tour de la ville, sur le haut de laquelle il planta l'étendard de France; mais il en fut bientôt chassé par les Anglois, soutenus d'un petit corps d'archers de la même nation, qui entra heureusement dans le port, sur la fin de l'attaque. Alors *M. de Cordes,* trompé par la vigueur avec laquelle ce petit secours l'avoit chargé, et le croyant beaucoup plus considérable qu'il n'étoit, perdit tout-à-fait courage, et leva le siège. Ces différentes actions qui avoient été très sanglantes, et où les troupes auxiliaires des deux royaumes s'étoient combattues avec beaucoup d'acharnement, mirent un peu d'aigreur entre *Charles* et *Henri,* aigreur augmentée par la jactance de *M. de Cordes,* qui affectoit, en toute occasion, de se porter pour ennemi déclaré des Anglois, et les bravoit avec plus d'insolence qu'il ne convenoit aux intérêts de son maître; car il ne craignoit pas de dire qu'il consentiroit à demeurer sept ans en enfer, pourvu qu'il pût reprendre *Calais* sur les Anglois.

Henri, après avoir ainsi rétabli les affaires et la réputation de *Maximilien*, lui conseilla de presser la conclusion de son mariage avec l'héritière de Bretagne. *Maximilien* déterminé à suivre ce conseil, eut assez de pouvoir tant sur l'esprit de la princesse même, que sur ceux de ses principaux conseillers, pour les engager à trouver bon que le mariage fût consommé *par procureur,* ce qui fut exécuté avec une formalité inconnue jusqu'alors dans ces contrées, et qui parut fort étrange aux Bretons; car, non-seulement la princesse fut fiancée publiquement, mais même elle reçut tous les honneurs d'une véritable épouse, et elle fut mise dans le lit nuptial. Alors le seigneur qui représentoit *Maximilien,* entra dans l'appartement, tenant en main le *diplôme de la procuration;* puis, en présence d'un grand nombre de personnes distinguées des deux sexes, ayant dépouillé sa jambe jusqu'au genou, l'introduisit dans le lit; cérémonie qui fut réputée équivalente à la consommation réelle et actuelle.

Alors *Maximilien* qui, n'ayant pas assez de patience pour endurer les longueurs inévitables d'une affaire importante, s'arrêtoit toujours à moitié chemin, laissant à son imagination le soin de faire le reste du voyage, et à qui il auroit été aussi facile de venir en personne consommer réellement son mariage, que de faire jouer cette comédie, se croyant déja en possession de l'héritière de Bretagne, perdit de vue ce mariage pendant quelque temps, et ne s'occupa que de la guerre. Cependant *Charles* ayant consulté ses théologiens, et appris d'eux que cette prétendue consommation sur laquelle *Maximilien* se reposoit, n'étoit qu'une *invention de cour*, et n'étoit point autorisée par l'église, ne désespéra pas de contracter avec cette héritière un mariage plus solide. Il choisit parmi les conseillers de la jeune duchesse et les femmes qui approchoient d'elle, des personnes très adroites, qu'il chargea de ménager ses intérêts auprès d'elle, et de dissiper tous ses scrupules par rapport à l'honneur et à la religion, mais il y avoit deux obstacles à lever ; non-seulement *Maximilien* avoit contracté avec l'héritière de Bretagne, mais *Charles* lui-même avoit aussi des engagemens avec la fille de *Maximilien*, ce qui sembloit former tout-à-la-fois deux empêchemens dirimans, et deux causes de nullité. Mais, dans le fait, le premier contrat étoit visiblement nul, la fille de *Maximilien* étant fort au-dessous de l'âge compétent pour valider son consentement : quant au second, Charles y voyoit plus de difficulté, et on n'y pouvoit trouver d'autre cause de nullité, sinon que ce mariage avoit été contracté sans le consentement du *seigneur suzerain,* attendu que l'héritière de Bretagne étant *pupille et vassale* du roi de France, ce prince lui tenoit lieu de père, et l'on pouvoit dire qu'à défaut de ce consentement, le mariage étoit nul. Ce *défaut,* ajoutoit-on, n'auroit pas suffi pour *rompre le mariage,* après la co-habitation et la consommation actuelle ; mais il étoit suffisant pour *invalider le contrat.* Quant à cette *consommation par procureur,* ils la tournoient en ridicule : *une preuve,* disoient-ils, *que Maximilien est veuf, ou du moins un futur extrêmement tiède, c'est qu'il se contente de remplir par procureur le devoir conjugal,* et ne peut se résoudre à supporter les fatigues d'un très court voyage, pour lever d'un seul coup toutes les difficultés. Ces considérations présentées par les personnes que le roi de France avoit gagnées, n'épargnant pour cela ni les présens ni les promesses, firent la plus grande impression sur cette princesse ; elle étoit d'ailleurs un peu éblouie par la gloire et la grandeur actuelle du roi de France, qui de plus étoit dans la fleur de l'âge, et n'avoit pas encore été marié. Elle craignoit aussi avec raison d'exposer, en cas de refus, son duché à tous les maux d'une guerre longue et sanglante. En conséquence, elle donna secrètement son consentement au roi de France (1) ; mais du-

---

(1) Cette *histoire* n'est souvent qu'une *fable ;* *Anne* ne donna point son consentement ; mais il

rant ce traité secret, Charles voulant prévenir toute opposition, et recourant à ses artifices ordinaires, dans l'espérance de faire illusion à *Henri*, sur le projet de ce mariage, comme sur la guerre réelle qu'il avoit faite aux Bretons, en le berçant de l'espoir d'un accommodement, lui envoya une ambassade solemnelle, composée de *François* de *Luxembourg*, de *Charles de Marigny* et de *Robert Gaguin*, général de l'ordre de la *Trinité* ou des *Bons-hommes*, pour lui proposer un traité de paix et une alliance; priant aussi ce prince de trouver bon qu'à titre de seigneur suzerain et de tuteur de l'héritière de Bretagne, il disposât à son gré de la main de cette princesse, ajoutant qu'il se chargeroit lui-même de faire dissoudre le mariage de *Maximilien*, par voie juridique. En même temps, pour faire plus complètement illusion,

---

lui fut arraché. *Charles* avoit mis le siège devant *Rennes*, où étoit cette princesse; et il l'*épousa*, pour ainsi dire, *l'épée à la main*.

il continua de garder à sa cour la fille de *Maximilien*, que ce dernier prince avoit fait remettre entre ses mains, pour la faire élever en France; et loin de paroître disposé à la renvoyer à son père, il affectoit plus que jamais de déclarer que son dessein étoit de conclure cette alliance, dans le temps convenable, et qu'à l'égard de la duchesse de Bretagne, il n'avoit d'autre prétention que celle d'user de son droit de souveraineté, se proposant de la marier à tel de ses alliés, dont il seroit sûr, et qui auroit mérité cette préférence par sa fidélité.

Dès que les trois ambassadeurs furent arrivés en Angleterre, ils déclarèrent le sujet de leur députation au roi, qui les renvoya à son conseil, où ils eurent audience quelques jours après : quoique le général de l'ordre de la *Trinité* fût le dernier en rang, cependant ce fut lui qui porta la parole, les autres la lui ayant cédée, parce qu'il étoit le plus éloquent, et il parla en ces termes : « Mi-LORDS, le roi notre maître, le plus puissant prince qui ait occupé le trône de France depuis *Charlemagne*, n'a pas cru déroger à sa grandeur en proposant et même en demandant la paix au roi d'Angleterre dans les circonstances actuelles; il nous a chargés d'en porter les propositions à ce prince, et revêtus même de pleins pouvoirs à cet effet, nous ayant aussi enjoint de communiquer ses plus secrets desseins à sa majesté; car les gages les plus certains, et les témoignages les moins douteux que de grands princes puissent se donner d'une affection sincère et mutuelle, sont de se communiquer réciproquement leurs affaires les plus importantes, en dédaignant les vaines maximes d'un honneur pointilleux, qui doit toujours céder à de tels sentimens. Il me seroit difficile, milords, de trouver des expressions assez fortes pour peindre le dévouement du roi notre maître envers votre souverain; et pour en avoir une juste idée, il faudroit que vous eussiez, comme nous, l'avantage d'être souvent près de lui, et d'entendre en quels termes il parle de sa majesté. Il ne se rappelle jamais, sans un plaisir mêlé des plus vifs regrets, le bonheur qu'il eut de vivre avec ce prince à Paris dans la familiarité la plus intime, et il ne parle jamais de lui, sans déplorer en même temps la destinée des grands princes que leur grandeur même prive de l'avantage de vivre avec leurs égaux, et réduit à n'avoir d'autre société que celle de leurs serviteurs. Cette affection du roi notre maître pour votre souverain, Dieu a daigné sans doute la lui inspirer pour l'avantage de toute la chrétienté, et pour d'autres fins non moins augustes, mais qui nous sont encore inconnues; et ce qui doit nous porter à penser que telle en est la véritable cause, c'est que le roi de France eut autrefois les mêmes sentimens pour le comte de Richemond, aujourd'hui roi d'Angleterre. C'est ce sentiment d'une sincère affection qui a porté le roi notre maître à demander la paix à votre souverain; sentiment d'ailleurs fortifié par la raison d'état, et par la connoissance des vrais intérêts de son propre royaume. Ainsi, pour me conformer à ses intentions, je dois vous communiquer le plus secret motif de cette demande, avec une candeur et une franchise digne de lui. Son vrai dessein est d'entreprendre une guerre aussi honorable que juste, dans une contrée fort éloignée de ses états, et il pense que, pour faciliter son expédition, en augmentant sa propre réputation et celle de ses armes, il lui importe fort de faire voir à toutes les puissances de l'Europe qu'il est en paix avec tous les princes ses voisins, sur-tout avec le roi d'Angleterre, qui tient le premier rang dans son estime.

Qu'il me soit permis actuellement, milords, de faire en peu de mots quelques observations, tendantes à réfuter toutes sinistres interpretations de ce qui s'est passé en dernier lieu, et à dissiper toute espèce de doute à cet égard ; car, si ces doutes subsistoient, ils pourroient faire obstacle à cette paix que nous proposons. Nous espérons qu'après ces explications relatives aux derniers événemens, aucun des deux rois n'aura lieu d'être offensé de la conduite de l'autre, ni de craindre que la sienne soit prise en mauvaise part. Je parle des événemens de la guerre de *Bretagne* et de celle de *Flandre*. On ne peut nier que, dans ces deux guerres, les sujets des deux rois n'aient tiré l'épée les uns contre les autres, et qu'il n'y ait eu du sang répandu de part et d'autre. Cependant je dois observer d'abord que, s'il y a eu quelque opposition entre les deux rois, elle ne venoit que de celle qui se trouvoit entre les intérêts de leurs alliés.

Quant à la guerre de *Bretagne*, le roi votre maître n'en ignore pas les événemens ; ce n'étoit, de la part du nôtre, qu'une guerre de pure nécessité. Cependant, quoiqu'il eût des motifs assez puissans pour la pousser vivement, il a eu plus souvent à la main l'*olivier* que le *laurier*, et on l'a toujours vu préférer la paix à la victoire. De plus, il ne cessoit d'envoyer à votre roi une sorte de *blanc-seing*, sur lequel il le laissoit maître de tracer à son gré les conditions de la paix et de la guerre. Car, quoique l'honneur même et la sûreté de notre maître fussent intéressés dans cette guerre, néanmoins il n'y a pas attaché tant de prix, qu'il n'ait remis l'un et l'autre entre les mains de votre souverain.

Notre maître n'a pas non plus imputé à mauvaise intention les secours que le vôtre a donnés au duc de Bretagne. Il n'ignoroit pas que les rois sont obligés de faire une infinité de choses pour complaire à leurs peuples, et il n'est pas difficile de démêler les mesures qu'ils prennent par un tel motif, d'avec ce qu'ils font de leur propre mouvement. Mais, graces à la volonté divine, cette guerre de Bretagne est entièrement terminée, et notre roi espère que, semblable au sillon que le vaisseau trace dans l'océan, et qui ne laisse aucun vestige, l'impression de ces événemens est entièrement effacée dans les esprits des deux rois. Le nôtre du moins n'en conserve aucun ressentiment.

Quant à la guerre de *Flandre*, de même que dans la guerre de *Bretagne*, le roi notre maître n'a fait que céder à la nécessité, il n'a fait, dans celle de *Flandre*, qu'exercer sa justice, et remplir un devoir; ce qui, pour un bon roi, est un lien aussi fort que celui de la nécessité ou du danger de ses états, autrement il cesseroit d'être roi et d'en mériter le titre. Les sujets du duché de Bourgogne sont aussi sujets de la couronne de France, du moins quant aux droits de la souveraineté, le duc de Bourgogne étant *feudataire et vassal* du roi de France; les Bourguignons ont toujours été jusqu'ici des sujets soumis et fidèles, quoique la conduite de *Maximilien* les ait jetés dernièrement dans quelques désordres. Ils ont eu recours au roi, et ont imploré sa justice pour se délivrer de l'oppression; il ne pouvoit leur refuser cette justice, et en la leur rendant, il n'en tiroit aucun avantage personnel.

L'interposition de ce prince étoit même utile à *Maximilien*, comme il l'auroit senti lui-même, s'il eût bien connu ses véritables intérêts; elle tendoit à calmer la fureur d'un peuple mutiné, et à prévenir les excès auxquels il auroit pu se porter, si on l'eût poussé à bout.

Ces explications étoient peut-être peu nécessaires, sinon en tant que le roi notre maître jaloux de conserver l'affection des Anglois, saisit avec joie tout ce qui peut tendre à ce but. Cette amitié subsiste encore entre les deux rois, et elle n'a reçu aucune atteinte. Leurs sujets, il est vrai, en sont venus aux mains; mais ces petites escarmouches ne doivent point troubler la paix publique; rien n'étant plus ordinaire que de voir les troupes de deux princes unis par une alliance, en venir aux mains, lorsqu'elles servent, à titre d'auxiliaires, dans deux armées opposées, et la paix n'en subsiste pas moins entre les deux princes auxquels elles appartiennent. C'est ce qui arrive même quelquefois aux troupes auxiliaires tirées d'une même nation par deux princes qui sont en guerre, et le royaume qui a fourni les unes et les autres, n'est pas pour cela divisé.

Il me reste, milords, à vous confier le secret d'une des plus glorieuses entreprises qui aient jamais été formées pour l'avantage de toute la chrétienté, et dont la connoissance ne pourra que vous remplir de joie. Le dessein de notre maître est de recouvrer par la force des armes le royaume de *Naples*, actuellement usurpé par je ne sais quel bâtard de la maison d'Arragon, mais auquel notre roi a des droits incontestables : il est obligé de défendre ces droits les armes à la main, sous peine de se déshonorer et d'être taxé d'indolence ou de lâcheté par ses propres sujets. Mais les vues généreuses du roi notre maître, vues vraiment dignes d'un prince chrétien, ne s'arrêtent pas à ces intérêts qui lui sont personnels; il tend à un but plus élevé; il espère, sans présomption toutefois, que cette expédition pour recouvrer le royaume de *Naples*, lui servira, pour ainsi dire, de *pont* pour transporter ses troupes en Grèce : je dirai plus, il est fermement résolu à n'épargner ni son sang, ni ses trésors (dût-il même pour cela mettre en gage sa propre couronne et épuiser son royaume), pour renverser la tyrannie des Ottomans, ou à s'ouvrir du moins, par cette guerre, le chemin au royaume des cieux. Mais le roi notre maître, n'ignorant point qu'un prince ne forme de tels desseins qu'après avoir commencé par élever principalement ses regards vers l'Être suprême, dont il s'agit alors de défendre la cause, et qui seul donne tout à la fois la volonté et la puissance. Aussi n'est-il point d'entreprise plus digne d'un souverain, décoré du titre de roi très chrétien et de fils aîné de l'église ; titre qu'il ne perd jamais de vue, quoiqu'il s'en juge lui-même indigne. Il y a été excité par l'exemple de ce roi d'Angleterre, si justement célèbre, le premier prince de la maison de *Lancastre* qui ait occupé le trône, l'un des ancêtres et des prédécesseurs du roi votre maître; d'Henri IV, dis-je, qui, sur la fin de son règne, comme vous ne l'ignorez pas, méditoit une expédition dans la Terre-Sainte. Enfin, le zèle de notre souverain a été encore animé par l'exemple de cette guerre, aussi sainte qu'honorable, que le roi d'Espagne fait actuellement pour recouvrer le royaume de *Grenade*, et en chasser les *Sarrasins*; guerre presque entièrement terminée (1). Or, quoiqu'une telle entreprise semble, à la première vue, trop grande et trop difficile pour qu'un roi puisse, avec ses seules forces, l'exécuter entièrement, les forces réunies de tant de princes chrétiens n'ayant pu jadis en venir à bout que par les efforts les plus soutenus et la guerre la plus opiniâtre; cependant le roi notre maître pense, avec quelque fondement, que

___

(1) On voit bien que c'est un moine qui parle; car il revient toujours à l'idole qu'il encense, pour se faire encenser lui-même.

des troupes peu nombreuses, mais aguerries et réunies sous un seul chef, bien que moins imposantes, ont quelquefois de plus heureux succès que les armées les plus nombreuses et les plus formidables, mais composées de troupes de différentes nations, unies par une simple confédération ; ces dernières, après d'assez heureux commencemens, étant bientôt dissipées par la jalousie réciproque et la mésintelligence des généraux. Mais le principal motif qui encourage le roi notre maître à tenter cette grande entreprise, ce sont ces dissensions si connues qui règnent actuellement dans la maison impériale des Ottomans. A la vérité, rien n'y est plus ordinaire que de voir le frère armé contre le frère, et lui disputer l'empire ; mais on n'avoit pas encore vu un de ces frères implorer le secours des chrétiens, comme le fait actuellement *Gemes* (Zizim), frère de *Bajazet*, prince aujourd'hui régnant, et bien inférieur à lui ; car ce même *Bajazet*, par son caractère et son tour d'esprit, est un prince peu digne de ce nom, et qui semble tenir le milieu entre un moine et un philosophe; toute sa prétendue science le mettant plutôt en état d'expliquer l'*alcoran* ou la philosophie d'*Averroës*, que de tenir les rênes d'un empire si belliqueux. Telles sont, milords, les vues du roi notre maître, relativement à cette entreprise mémorable et vraiment héroïque; et comme dans cette expédition notre souverain ne joue pas moins le rôle d'un soldat chrétien que celui d'un roi puissant, il ne croit pas déroger à sa grandeur, en suppliant les princes ses voisins de lui accorder la paix, pour faciliter une expédition si pieuse (1).

Il nous reste une demande à faire de la part du roi notre maître; demande que vous devez plutôt regarder comme

---

(1) Le texte original dit: *Il commence par faire acte d'humilité, en mendiant la paix*. Mais nous verrons bientôt ce moine si humble, en demandant l'aumône, devenir insolent, après avoir essuyé un refus.

une simple civilité, que comme une partie essentielle de nos instructions. Vous n'ignorez pas que le duché de Bretagne relève de lui, et qu'il en est le seigneur suzerain ; qu'il doit, à ce titre, disposer de la main de l'héritière de Bretagne ; et qu'il doit en disposer aussi comme ayant de droit la *tutele* et la *garde-noble* de cette princesse ; genre de droit qui n'est pas uniquement affecté à la souveraineté, mais qui est commun aux rois et à leurs sujets, et qui peut être qualifié de *patrimonial.* Cependant le roi notre maître, pour confondre, en quelque manière, ses droits avec ceux de votre souverain, et resserrer plus étroitement les liens de cette amitié franche et ingénue qui les unit depuis tant d'années, le prie de vouloir bien le laisser disposer de la main de cette héritière, et de trouver bon qu'il la donne à un prince sur lequel il puisse faire fond, et qu'il fasse dissoudre, par la voie juridique, le mariage illusoire et chimérique de *Maximilien,* qui est nul de toute nullité.

Telles sont, milords, les propositions et les demandes que j'avois à vous faire de la part du roi notre maître ; espérant que votre indulgence daignera excuser mes foibles talens, si mon discours n'a pas répondu à l'importance et à la grandeur du sujet. »

A l'aide de ce discours, rempli d'expressions flatteuses et même mielleuses, les ambassadeurs de France exagéroient l'attachement de leur maître pour le roi d'Angleterre, et tâchoient de pallier la guerre indirecte, mais assez vive, que ces deux princes venoient de se faire; insinuations à l'aide desquelles ils espéroient gagner deux points. En premier lieu, ils vouloient endormir ce prince jusqu'à ce que le mariage du roi de France avec l'héritière de Bretagne fût consommé; ils se flattoient même que ce seroit l'affaire d'un été, imaginant que le fruit étoit déja mûr, et qu'ils n'avoient plus qu'à le cueillir. En second lieu, ils vouloient tirer parti de ces flatteries pour plusieurs années, en adoucissant le ressentiment de ce prince, et l'entretenant dans des dispositions pacifiques, durant toute l'expédition d'Italie, afin qu'il n'y mît point obstacle.

Le conseil se contenta de dire aux ambassadeurs français, qu'il ne pouvoit leur faire une réponse positive, avant que d'avoir communiqué au roi leurs propositions et leurs demandes, comme ils ne l'ignoroient pas eux-mêmes; en conséquence, il les renvoya à ce prince; ce qui mit fin à l'audience.

Le roi ne savoit quel jugement porter sur ce mariage de *Charles* avec l'héritière de Bretagne; il ne pouvoit plus douter que l'ambitieux dessein de ce prince ne fût de s'assurer, par ce moyen, la paisible possession de ce duché. Mais il lui sembloit étrange que le roi de France, ayant actuellement pour héritier présomptif un prince d'un caractère si turbulent, osât contracter un mariage si litigieux, et dont les nullités pouvoient servir de motif ou de prétexte pour déshériter ses enfans, s'il en avoit. Quoi qu'il en soit, il regarda la Bretagne comme perdue pour *Maximilien*. Mais, ne pouvant plus empêcher cet événement, il résolut de tirer un double avantage de cette députation, et de se conduire de manière que l'affaire de Bretagne pût toujours lui fournir un *prétexte* pour déclarer la guerre à la France; et l'expédition d'Italie, des facilités pour conclure la paix avec *Charles*, quand il le jugeroit utile à ses propres intérêts : car il savoit combien *Charles* avoit d'ardeur pour cette expédition. En conséquence de ce plan, après que l'affaire eut été fréquemment débattue dans son conseil, auquel il ne s'ouvrit qu'en partie, il chargea son chancelier de faire aux ambassadeurs une réponse de pure formalité; ordre qu'il lui donna en présence de tous les autres conseillers; mais ensuite, dans un entretien secret, il lui recommanda de répondre aux ambassadeurs sur un ton qui leur annonçât que la négociation se termineroit par une rupture, mais en mesurant toutefois ses expressions de manière à ne pas détourner *Charles* de son expédition en Italie. Conformément à cet ordre, les ambassadeurs ayant été appellés au conseil, peu de temps après, le chancelier leur parla en ces termes :

Messieurs les ambassadeurs, le roi mon maître m'a chargé de répondre au discours très éloquent de *monsieur le prieur* (le *général*), mais en peu de mots, et d'une manière aussi nette que précise. Le roi n'a point oublié l'amitié qui l'unissoit autrefois au roi votre maître; mais il est inutile aujourd'hui de la rappeller à sa mémoire ; car, si elle est toujours la même, tout est dit : et si les événemens ultérieurs y ont donné atteinte et l'ont altérée, ce ne seront pas des paroles qui pourront les réconcilier.

Quant à ce qui s'est passé en Bretagne, le roi est fort étonné que votre maître en parle comme d'un service qu'il lui auroit rendu ; car, au fond, ce prétendu service se réduit à s'être prévalu de l'entremise du roi notre maître pour tromper un de ses plus fidèles alliés. A l'égard du mariage, le roi ne voudroit pas se mêler de cette affaire, si votre souverain n'eût employé que la *liturgie* pour le contracter, au lieu de vouloir épouser cette héritière l'épée à la main.

Quant à la guerre de *Flandre*, si les sujets du duché de Bourgogne eussent commencé par venir, en supplians, implorer la protection du roi de France, leur suzerain, la conduite que ce prince tint alors auroit eu quelque apparence de justice : mais c'est une procédure assez étrange que celle de sujets rebelles, qui, après avoir mis la main sur leur souverain, l'avoir tenu comme prisonnier, et égorgé ses officiers, viennent ensuite porter leurs plaintes. Le roi m'ordonne de vous dire qu'il n'a point du tout oublié qu'à l'époque où le roi de France et lui, de concert, envoyèrent des députés aux Écossois, ils tenoient un tout autre langage, et désapprouvoient hautement ces insurrections des peuples contre leurs souverains : cependant le roi notre maître, messieurs, veut bien laisser ces deux affaires dans l'état où elles se trouvent; mais il vous déclare nettement qu'il n'est rien moins que satisfait de vos propositions, et n'est nullement disposé à les accepter. Toutefois il n'en est pas tellement blessé, qu'il ne soit encore prêt à traiter de la paix avec vous, pourvu qu'à ces propositions vous en joigniez d'autres plus satisfaisantes et plus raisonnables.

Quant à ce qui concerne l'expédition d'*Italie* et la guerre contre les *Turcs*, le roi m'a commandé expressément de vous dire qu'il fait les vœux les plus sincères pour la prospérité des armes de *son bon frère le roi de France;* il souhaite que ce généreux dessein soit couronné par le succès; et s'il apprend quelque jour que votre souverain ait passé en Grèce, comme votre maître veut bien aujourd'hui demander humblement la paix au nôtre, alors il le suppliera humblement à son tour de lui accorder quelque part dans cette guerre.

Il me reste, messieurs, une autre observation à vous faire de la part du roi; la voici : votre souverain a indiqué lui-même au nôtre les propositions et les demandes qu'il devoit lui faire. Vous dites, *monsieur le prieur*, que le roi votre maître est déterminé à réclamer, les armes à la main, ses droits sur le royaume de Naples, maintenant usurpé par un prince espagnol; qu'il est tenu de défendre ces droits, sous peine de se déshonorer et d'être taxé de lâcheté par ses propres sujets; car telles étoient vos propres expressions, auxquelles je n'ai garde d'en substituer de plus foibles. Le roi notre maître (1), messieurs les ambassadeurs, emploiera ces mêmes termes pour redemander au vôtre la *Normandie*, la *Guyenne*, l'*Anjou*, etc. et même tout le

---

(1) Si le roi d'Angleterre prétendoit que *Charles VIII* n'étoit pas légitime roi de France, son chancelier ne devoit donc pas lui en donner le titre, comme il le fait plusieurs fois dans sa réponse; car telles sont les expressions qu'il prête à son maître : *Mon bon frère le roi de France.*

royaume de France. Si le roi votre maître trouve bon que, dans les conférences pour cette paix qu'il demande, il soit fait mention des droits de notre souverain sur le royaume de France, ou tout au moins du *tribut* et de l'*hommage* que le vôtre lui doit comme à son seigneur suzerain, et que cet article soit d'abord discuté, le roi voudra bien aussi délibérer sur les autres articles; autrement il est inutile de prolonger ces conférences.

Les ambassadeurs, étonnés d'une demande si nouvelle, à laquelle ils s'attendoient si peu, ne purent s'empêcher de répondre, avec un peu d'indignation et de hauteur, qu'ils ne doutoient nullement que le roi leur maître ne fût en état de défendre son sceptre; qu'ils n'étoient pas moins assurés que leur maître ne pouvoit, ne devoit, ni ne vouloit souffrir aucune atteinte aux prérogatives de la couronne de France, soit quant à l'étendue de son territoire, soit quant aux droits de souveraineté; qu'au reste, une affaire de cette nature étoit trop importante pour qn'ils osassent prendre sur eux de s'arrêter à en conférer, attendu qu'elle excédoit les limites de leurs instructions.

Le conseil se contenta de leur dire que le roi n'avoit pas attendu d'autre réponse de leur part, mais qu'il enverroit lui-même sous peu des ambassadeurs au roi de France. Quelques membres du conseil ayant hazardé, d'un air d'indifférence, cette question : *Le roi de France consentiroit-il à ne disposer à son gré de la main de l'héritière de Bretagne, qu'à condition de ne pas l'épouser lui-même ?* Les envoyés répondirent avec beaucoup de prudence et de circonspection, que le roi leur maître étoit si éloigné d'un tel dessein, qu'il ne leur avoit donné aucunes instructions à ce sujet. Sur cette réponse, les ambassadeurs furent congédiés, à l'exception du *prieur*. Ils furent bientôt suivis de près par ceux que le roi d'Angleterre envoyoit en France; savoir, *Thomas, comte d'Ormond*, et *Thomas Goldenston*, principal du collège de *Christ* à *Cantorbery*.

Sur ces entrefaites, le pape *Alexandre VI* envoya le nonce *Lunello*, *évêque de la Concorde*, aux deux rois, pour les engager à faire la paix l'un avec l'autre. Ce pontife se trouvoit alors dans une situation très difficile, et comme assiégé par une fédération des principaux états d'Italie qui s'étoient ligués contre lui, pour l'empêcher d'élever excessivement sa famille aux dépens de ses voisins; ce qui étoit le principal but de son insatiable ambition : il vouloit exciter des troubles en Italie, afin d'en profiter, politique plus digne d'un *Borgia* que d'un successeur *de St. Pierre* : et craignant qu'une diversion de la part des Anglois ne fît obstacle à l'expédition des Français en Italie, il envoya ce prélat pour ménager un accommodement entre ces deux princes, pour peu qu'ils voulussent s'y prêter. Ce nonce se rendit d'abord auprès du roi de France, et croyant trouver en lui des dispositions pacifiques, il partit aussi-tôt pour l'Angleterre. Il trouva les ambassadeurs anglois *à Calais*; et après quelques conférences avec eux, il passa en Angleterre, ayant reçu, en cette occasion, tous les honneurs d'usage. Aussitôt après son arrivée, il communiqua au roi le sujet de sa députation. Cependant, quoique le nom de cet envoyé fût d'un très bon augure pour la paix, ses exhortations furent sans effet; car le conseil du roi *Charles* ne pouvant plus cacher le projet de mariage de ce prince avec l'héritière de Bretagne, ne faisoit plus difficulté de le déclarer, et il étoit devenu la nouvelle du jour. En conséquence, les ambassadeurs voyant clairement l'état des choses, et ne pouvant plus douter de ce dessein, prirent le parti de retourner en Angleterre. Le *prieur* (général) *de l'ordre de la Trinité* eut aussi ordre de se retirer. A peine eut-il quitté *Londres*, qu'il publia un libelle très insolent, et en vers latins, contre le roi; conduite qui convenoit mieux à un *pédant* qu'à un *ambassadeur* (1). Quoi-

_____

(1) Aussi cet *ambassadeur* n'étoit-il qu'un

que le roi ne fût rien moins qu'un *pédant*, il ne put s'empêcher de lui faire répondre aussi en vers latins; réponse où l'auteur faisoit parler le roi lui-même. Le général y étoit traité avec beaucoup de mépris; son tour d'esprit et son style y étoient tournés en ridicule, et ses sarcasmes, comparés aux basses plaisanteries d'un bouffon.

Ce fut vers ce même temps que la reine donna à son époux un second fils, qui fut le successeur de ce prince, sous le nom de *Henri VIII*. Quelque temps après, fut célébré, avec la plus grande magnificence, le mariage de *Charles*

---

pédant, comme on l'a vu par son discours. Selon toute apparence, il avoit été *professeur de rhétorique ou de philosophie scholastique*, et ne put digérer le mauvais succès de sa *thèse* ou de son *amplification;* car chacun sait qu'un *libelle* ou un *pamphlet* est ordinairement le produit des indigestions mentales d'un *pédant mortifié*. Il paroît aussi que le général des *bons hommes* n'en étoit pas meilleur; comme ceux qui font métier de prêcher *la charité*, n'en sont pas plus *charitables*.

avec *Anne*, duchesse de Bretagne, et ce duché fut la dot de cette princesse, la fille de *Maximilien* ayant été renvoyée à son père quelque temps auparavant(1). Lorsque cette nouvelle parvint aux oreilles de *Maximilien*, ce prince, qui ne croyoit pas qu'un tel événement fût possible, et qui étoit toujours le premier à se tromper lui-même (mais qu'en cette occasion *Charles* aida un peu à se faire illusion), fut agité par les réflexions les plus mortifiantes. Quand il vint à considérer qu'il avoit reçu, d'un seul coup, un double affront ; l'un, par le nouveau mariage d'*Anne de Bretagne*, qu'il regar-

---

(1) Ces jeunes princesses qu'on envoie de si bonne heure au-devant de leurs futurs, ne sont presque jamais épousées : je trouve dans l'histoire cent exemples de cette vérité, entre autres, celui de l'infante d'Espagne qui devoit épouser *Louis XV*, et qui fut renvoyée. Il paroît que toute femme qui s'offre, ou qui est offerte, même une princesse, est à peu près certaine d'être rebutée, et qu'un projet trop long-temps médité est un projet manqué.

doit comme son épouse; l'autre, par le mépris qu'on avoit témoigné pour sa fille, en la renvoyant, deux alliances sur lesquelles il fondoit les plus chimériques espérances, il perdit tout-à-fait patience; et, renonçant à ces égards que de grands princes se doivent toujours les uns aux autres, même dans la plus violente colère, il se permit les plus grossières invectives contre la personne et la conduite de *Charles*. Moins ce prince, si profondément blessé, pouvoit par ses actions, plus il tâchoit d'y suppléer par ses discours; il prenoit peine à chercher ce qu'il y avoit de plus offensant pour ternir la réputation du roi de France, prétendant que de tous les mortels ce prince étoit le plus perfide; qu'il avoit imaginé je ne sais quel mariage monstrueux, où le rapt et l'adultère se trouvoient combinés; que la justice divine avoit sans doute permis que *Charles* se reposât ainsi sur un mariage dont les nullités étoient visibles pour les plus novices, afin que la postérité d'un homme si indigne du trône ne pût régner sur la France. Après avoir ainsi exhalé sa fureur, il envoya des députés aux rois d'Angleterre et d'Espagne, pour les exciter à la guerre, et les engager à contracter avec lui une alliance offensive contre la France, promettant de les joindre en personne avec de grandes forces. Henri, profitant de l'occasion pour aller à ses propres fins, convoqua le parlement, dans la septième année de son règne ; et à l'ouverture de la session, séant sur son trône, il parla en ces termes à l'assemblée :

« *Grands de mes états et députés de mon peuple,* lorsque mon dessein fut de ne faire la guerre en Bretagne que par mes lieutenans, je vous fis parler par mon chancelier ; mais aujourd'hui, déterminé à faire en personne la guerre à la France, je vous parle moi-même pour vous faire connoître mes résolutions. Dans la guerre de Bretagne, notre but n'étoit que de défendre un de nos alliés ; mais, dans celle qui se prépare, ce sont nos propres droits que nous allons réclamer et recouvrer par les armes. Des événemens imprévus ont mis fin à la première, celle-ci sera sans doute terminée par nos victoires.

Le roi de France trouble toute la chrétienté : déja il possède l'héritage d'autrui, et néanmoins il aspire à l'accroissement de ces possessions usurpées; il est maître de tout le duché de Bretagne, soutient les rebelles de Flandre contre leur souverain, et menace l'Italie. Quant à nous, il a commencé par nous tromper, à l'aide de sa profonde dissimulation; puis il nous a négligés; enfin, de l'indifférence il a passé à l'insolence : aujourd'hui il attaque nos alliés, et refuse de nous payer le tribut; en un mot, il veut la guerre : son père, plus sage que lui, n'a pas rougi de nous demander la paix; exemple que lui-même sera un jour forcé de suivre, lorsque des conseils plus salutaires et le temps même l'auront instruit à ses propres dépens, et lui auront fait connoître ses véritables intérêts.

En attendant que l'expérience l'ait éclairé, tâchons de tourner à notre avantage son insatiable ambition ; ne nous contentons pas de quelques écus qu'il pourroit nous payer à titre de tribut ou d'hommage : mais, appuyés de la faveur divine, osons réclamer, les armes à la main, nos droits incontestables à la couronne de France ; souvenons-nous qu'un roi de France a été prisonnier en Angleterre, et qu'un roi d'Angleterre a été couronné en France ; ce sont deux événemens dont nos ancêtres ont été témoins. Le nombre et les forces de nos alliés ne sont rien moins que diminués. La Bourgogne est aujourd'hui gouvernée par une main plus puissante que jamais, et l'indignation de son souverain est au comble. La Bretagne sans doute ne peut plus nous être d'aucun secours, mais elle peut du moins encore nuire à l'ennemi. Trop souvent ces nouvelles conquêtes sont moins de nouvelles forces qu'une nouvelle charge. Ceux qui ont excité des troubles en France ne sont rien moins que des hommes de basse extraction, ou des imposteurs parés d'un titre usurpé, mais des hommes du plus haut rang. Le roi d'Espagne, auquel, comme vous n'en pouvez douter, l'ambition toujours croissante de Charles inspire une juste défiance, ne tardera pas à se joindre à nous. Le pape ne verra pas d'un œil tranquille les *ultramontains en Italie*. Cependant, à quoi bon tant parler de nos alliés? c'est un genre de secours qu'on peut prendre en considération; mais il seroit indigne de nous de trop nous reposer sur une telle ressource. Comptons sur nous-mêmes, et à Dieu ne plaise que les Anglois soient jamais réduits à mendier des secours pour faire valoir leurs droits sur la France!

Dans les batailles de *Crecy*, de *Poitiers* et d'*Azincourt*, nous n'avions point de troupes auxiliaires. La France n'a plus de soldats qui sachent combattre de pied ferme, et sa misérable infanterie ne peut tenir devant nous. La cavalerie française jouit sans doute d'une réputation méritée; mais les troupes de cette espèce ne peuvent être d'un grand service dans une guerre défensive; celui qui attaque le pays ennemi, étant presque toujours maître de les rendre inutiles, en choisissant bien ses postes. Si nous avons perdu tant de provinces en France, nous ne devons imputer ces pertes qu'à nos propres dissensions; mais, graces à la faveur divine, la paix qui règne aujourd'hui parmi nous, nous rendra bientôt tout ce que nous avons perdu. Dieu jusqu'ici a favorisé mes armes, et depuis mon avénement au trône j'ai été continuellement occupé à extirper les sujets pervers, et à faire l'épreuve des sujets fidèles. Mon peuple et moi désormais nous nous connoissons, connoissance réciproque qui fait naître une confiance mutuelle. Que s'il y a encore dans le royaume quelques restes de sang impur, une guerre honorable au dehors est le plus puissant et le plus sûr moyen pour épurer complètement l'Angleterre. C'est pour me diriger dans l'exécution de ce grand dessein, que je demande aujourd'hui vos conseils et vos secours. Si quelqu'un d'entre vous a dessein de faire aggréger son fils à l'*ordre des chevaliers*, il le pourra d'autant plus aisément, que ses tenanciers, en pareille occasion, sont obligés de l'assister; la loi l'ordonne. Il ne s'agit pas moins, dans cette délibération, que de l'honneur du peuple anglois, dont je suis le père; et ce n'est pas seulement pour lui assurer la conservation et la possession de son territoire, que je porte ce sceptre; c'est encore pour en reculer les limites. Quant aux subsides pécuniaires, que les plus pauvres en soient exempts, et ne faisons contribuer que ceux qui peuvent tirer de cette guerre même quelques avantages personnels. La France n'est rien moins qu'un désert, et mon économie vous est connue; j'espère diriger mes premières opérations de manière qu'après d'heureux commencemens, la guerre se nourrira elle-même. Délibérez entre vous sur l'affaire des subsides, en priant l'Être suprême de vous inspirer de sages conseils, et soyez avares du temps; car c'est pour ce seul sujet que j'ai convoqué le parlement. »

Tel fut le discours du roi ; mais quoiqu'il parût très ardent pour la guerre, et qu'il affectât ces dispositions, non-seulement dans cette assemblée, mais encore à sa cour, et même dans son conseil secret (à l'exception toutefois des deux évêques (*Fox* et *Morton*), ses deux plus intimes confidens, et d'un petit nombre d'autres), ses vrais sentimens étoient tout opposés à ces dehors, et il n'étoit nullement disposé à faire la guerre à la France. Toute cette affaire n'étoit pour lui qu'une sorte de *commerce*, où il vouloit échanger des bruits et autres apparences de guerre pour de l'argent. Il savoit que la France qui avoit alors réparé toutes ses pertes, étoit plus puissante que jamais.

De plus, éclairé par l'expérience, surtout par la défaite des troupes qu'il avoit envoyées en Bretagne peu de temps auparavant, il n'ignoroit pas non plus que les Français avoient enfin appris quelle étoit la vraie manière de faire la guerre aux Anglois ; méthode consistant à éviter avec soin toute action trop décisive, et à ne pas commettre le succès d'une campagne, ni le sort d'une grande armée, au hazard d'une bataille ; mais à fatiguer les Anglois par des sièges ou par des campemens dans des postes bien choisis, et dans des lignes fortifiées avec soin. Il ne se souvenoit que trop de la perte de *Jacques III*, roi d'Ecosse, son plus fidèle allié, qui avoit péri misérablement de la main de ses propres sujets.

Il savoit encore que *Jacques IV*, successeur de ce prince, étoit tout dévoué aux intérêts de la France, et très indisposé contre lui. Il comptoit peu sur l'alliance de *Ferdinand* et de *Maximilien* ; le premier, qui avoit d'assez grandes forces, manquant de bonne volonté ; et le dernier, qui n'avoit que trop de zèle, manquant de troupes (et d'argent). De plus, *Ferdinand*, qui venoit de terminer une guerre longue et difficile contre les *Mores*, avoit à peine eu le temps de respirer, et négocioit alors avec la France pour la restitution du *Roussillon* (et de la *Cerdagne*), provinces engagées aux Français, pour nantissement des sommes empruntées d'eux. Il craignoit aussi que les mécontens ne profitassent de son absence pour exciter des troubles en Angleterre; et comme sa règle constante étoit de se porter en personne pour réprimer les séditieux, et étouffer les révoltes, il ne vouloit pas s'éloigner de ses états, en s'engageant dans une guerre sur le continent. Ainsi, ayant mûrement pesé toutes les difficultés et tous les inconvéniens de cette guerre, il chercha ensuite les moyens qui pourroient le mener le plus sûrement à ses deux principaux buts, dont l'un étoit de tourner à son profit la déclaration d'une guerre qu'il ne vouloit, pour ainsi dire, qu'ébaucher; et l'autre, de sortir avec honneur de cette guerre, au moment où il le jugeroit à propos. Il vouloit en tirer un double avantage, *en faisant acheter la guerre à ses sujets, et la paix à ses ennemis;* comme un marchand entendu, qui s'arrange de manière *à gagner sur l'exportation ainsi que sur l'importation.*

Quant aux moyens de terminer la guerre, sans compromettre sa réputation, il considéroit avec raison que, par cela même qu'il ne pouvoit compter ni sur les secours de *Ferdinand,* ni sur ceux de *Maximilien,* l'*impuissance* de l'un, et la *duplicité* de l'autre, lui fourniroient toujours au besoin un double prétexte pour colorer cette paix conclue si promptement. Toutes ces vues étoient parfaitement justes, et il exécuta ce plan avec tant d'adresse, que tout lui réussit à souhait.

Cependant les deux chambres du parlement prirent feu pour cette guerre, dont le roi leur avoit offert la perspective, soit qu'elles fussent animées par leur ancienne haine pour la nation française, soit que, piquées des derniers événemens, elles se crussent obligées de réparer cette brèche que la perte de la Bretagne leur paroissoit avoir faite à l'honneur du roi et de la nation angloise. En conséquence, se prêtant aussi-tôt aux vues apparentes du roi, elles lui conseillèrent d'entreprendre hardiment cette guerre contre la France, et de la déclarer sur-le-champ. Or, quoique le parlement fût composé de députés, soit de la noblesse du premier et du second ordre, soit de bourgeois et autres citoyens notables, cependant les deux chambres animées d'un sentiment commun de générosité, et envisageant plutôt l'intérêt public que leur intérêt particulier ; enfin, se souvenant que le roi les avoit exhortées à épargner les plus pauvres d'entre ses sujets, passèrent un *bill*, qui accordoit à ce prince une *bénévolence* (1) (un

---

(1) (Note de *Hume*.) *Bacon* dit que cette *bénévolence* (ou ce *don gratuit*) se levoit avec le consentement du parlement ; mais c'est une erreur. Notre auteur ne dit pas, en général, qu'il se levoit, mais seulement qu'en cette occasion il fut levé avec le consentement du parlement.

don gratuit), et qui statuoit que cet impôt ne seroit levé que sur les plus riches. Ce genre d'imposition, déguisée sous le nom de *don gratuit*, et qui avoit été imaginée par *Edouard IV*, avoit excité alors un mécontentement universel, et lui avoit fait perdre, pendant quelque temps, l'affection de ses sujets. *Richard III* avoit eu l'attention de l'abolir, et avoit gagné, par ce moyen, l'affection du peuple. On doit observer toutefois que *Henri*, en la rétablissant, s'appuyoit de l'autorité du parlement, genre de ménagement qu'*Edouard* n'avoit pas eu pour la nation. Quoiqu'il en soit, le roi se procura, par ce moyen, de très grosses sommes; dans la seule ville de *Londres*, le produit de la taxe monta à plus de 9000 liv. (sterling) : le chancelier *Morton*, pour faire monter plus haut ce produit, imagina et suggéra aux commissaires chargés de percevoir l'impôt, une sorte de *dilemme*, qu'on appela depuis *la fourche* ou *l'hameçon de Morton*. Lorsqu'ils vouloient taxer un homme très économe, ils lui disoient que, vivant avec tant de frugalité, et dépensant si peu, il devoit s'enrichir; et en taxant un homme qui vivoit plus splendidement, ils lui observoient qu'il ne pouvoit faire une si grosse dépense s'il n'étoit fort riche. Par ce double artifice, ni les uns ni les autres ne pouvoient s'exempter de cette contribution.

Ce parlement ne fut, à proprement parler, qu'un *conseil de guerre*; car on n'y traita que de la déclaration de guerre contre la France et l'Ecosse, et l'on n'y passa que des bills tendant à ce double but; entre autres un très rigoureux, contre les capitaines qui porteroient sur leur compte et appliqueroient à leur profit la paie des soldats morts ou absens, ou qui retiendroient celle des soldats présens; et un autre non moins sévère, contre les soldats qui s'éloigneroient de leur corps sans permission. On statua aussi, par un autre bill, que ceux qui seroient obligés, pour subvenir aux frais de leurs équipages de guerre, de vendre, d'aliéner, ou d'engager leurs terres, seroient exempts des droits qu'en pareil cas on payoit ordinairement au roi. Les Ecossois eurent aussi ordre de sortir de l'Angleterre ; enfin, il fut statué que tous les poids et toutes les mesures seroient réglés sur l'étalon authentique, déposé à la *cour de l'Echiquier*, et qu'on en distribueroit, dans tout le royaume, des modèles, qui serviroient à réformer ou à vérifier tous les autres. On passa encore d'autres bills moins importans, et dont il seroit inutile de faire mention.

Immédiatement après cette session, qui fut de très courte durée, le roi s'occupa des préparatifs pour la guerre contre la France ; cependant ne perdant pas de vue les intérêts *de Maximilien*, il voulut aussi prendre quelques mesures pour appaiser la révolte de Flandre, et rétablir l'autorité de ce prince sur ses sujets ; car, vers le même temps, *Ravestein*, d'autant plus animé contre son souverain, qu'il étoit coupable envers lui, non-seulement de *rébellion*, mais même de *trahison*, se voyant renforcé par les troupes de *Bruges* et de *Gand*, s'étoit emparé de la ville et des deux châteaux de *l'Ecluse*, comme nous l'avons dit plus haut. En conséquence, il profita des facilités que lui donnoit ce port, et se mit à exercer une sorte de piraterie, pillant et prenant même les vaisseaux (de toutes les nations indistinctement) qui étoient obligés de ranger cette côte, pour se rendre à la foire d'*Anvers*, ou dans les autres parties du *Brabant*, de la *Zélande* ou de la *Frise*. Il tiroit continuellement des vivres et des munitions des ports de la *Picardie*, sans compter tout ce qu'il pouvoit tirer du port de *l'Ecluse* et des environs, ou de ces vaisseaux mêmes qu'il prenoit ou rançonnoit; en quoi les Français le favorisoient sous main. Pour lui, assiégé d'inquiétudes comme tous ceux qui ont récemment changé de parti, il étoit persuadé qu'il ne seroit en sûreté qu'autant qu'il s'assureroit de la protection d'un tiers (d'une troisième puissance).

A deux milles de *Bruges*, et plus près de la côte, se trouvoit la petite ville de *Dam*, qui étoit la principale défense et comme la citadelle de cette grande ville, attendu qu'elle la couvroit du côté de la mer, et qu'une fois prise, elle pouvoit en faciliter les approches ; celle de *l'Ecluse* en tiroit aussi quelques secours. Le roi des Romains avoit déja fait quelques entreprises sur cette petite ville, non qu'il attachât beaucoup de prix à une telle conquête, mais parce qu'elle pouvoit servir à incommoder *Bruges*, à la tenir bloquée, et à lui couper la communication par mer ; mais toutes les tentatives de ce prince avoient échoué. Vers le même temps, le *duc de Saxe* arriva en *Flandre*, affectant de se porter pour médiateur entre *Maximilien* et ses sujets, mais secrètement dévoué aux seuls intérêts de ce prince. Sous ce prétexte de médiation et de neutralité, il s'approcha de *Bruges*, il fit demander aux magistrats de cette ville la permission d'y entrer paisiblement avec le cortège de gens armés qui convenoit à son rang, les prévenant qu'il seroit obligé, pour sa propre sûreté, de le rendre un peu plus nombreux qu'à l'ordinaire, parce que leur ville étoit toute en armes. Cette permission lui ayant été accordée, il fit marcher devant lui ses équipages et ses fouriers, comme pour préparer son logement. En conséquence, ses soldats entrèrent en bon ordre, et il les suivit de près. Les officiers de cette troupe, en traversant la ville, s'arrêtoient de temps en temps, et feignoient de prendre des informations relativement aux hôtelleries, comme si leur dessein eût été de passer la nuit suivante dans la ville ; et la troupe, moyennant cette ruse, arriva sans obstacle à la porte qui donnoit sur la route de *Dam*. Les habitans de *Bruges* étoient étonnés de les voir passer outre ; mais ne soupçonnant point leur dessein, ils les regardoient tranquillement défiler, et n'étoient pas même tentés de leur barrer le passage. Les magistrats et les habitans de *Dam* n'eurent pas plus de soupçons contre eux, ne se défiant point de ceux qui venoient de *Bruges*; et les voyant venir ainsi de loin, ils s'imaginèrent que c'étoit un secours que la France leur envoyoit secrètement, et qui venoit leur annoncer quelque nouvelle attaque dont ils étoient menacés. Ainsi, ne craignant, de leur part, aucun acte d'hostilité, ils les laissèrent paisiblement entrer dans leur ville ; à l'aide de cette feinte, qui doit plutôt être qualifiée de *perfidie* que de *stratagême*, la ville fut prise, et *Bruges* demeura bloquée, ce qui répandit la consternation parmi les habitans de ces deux villes.

Après la prise de *Dam*, le *duc de Saxe* écrivit à *Henri* que, s'il y avoit encore quelques restes d'insurrection en *Flandre*, on ne devoit l'imputer qu'aux habitans de *l'Ecluse* et à *M. de Ravestein*; mais que, si le roi d'Angleterre vouloit faire assiéger cette ville par mer, tandis qu'il l'assiégeroit lui-même par terre, ce seroit le moyen de couper, pour ainsi dire, la révolte par la racine.

Le roi qui souhaitoit de pouvoir rétablir l'autorité de *Maximilien* sur ses sujets, afin de se servir de ce prince pour tenir la France en échec, et voulant aussi contenter les marchands anglois, qui se plaignoient de ce que cette mer étoit infestée par les vaisseaux de *Ravestein*, envoya *Edouard Poynings*, officier distingué, avec vingt vaisseaux, bien munis d'artillerie, et en partie montés par des soldats d'élite, pour nétoyer ces parages et assiéger par mer la ville de l'*Écluse*. Cet ordre fut exécuté avec beaucoup d'intelligence, de courage et d'activité. *Ravestein* fut bientôt resserré au point de n'oser plus sortir du port, et la ville fut investie par mer. Ensuite ils attaquèrent l'un des deux châteaux, auquel ils livrèrent de continuels assauts pendant une vingtaine de jours, profitant du reflux pour sortir de leurs vaisseaux, et ils firent un grand carnage des assiégés, qui, de leur côté, se défendirent avec courage, et leur tuèrent cinquante hommes, du nombre desquels fut le frère du *comte d'Oxford*.

Mais, la ville étant resserrée de jour en jour plus étroitement, et les deux châteaux, qui étoient ses deux principales défenses, ayant été ruinés, l'un, par le *duc de Saxe*, l'autre, par les *Anglois*, qui brûlèrent aussi, dans une attaque qu'ils livrèrent de nuit, un pont de bateaux que *Ravestein* avoit fait construire entre les deux châteaux, afin qu'ils pussent se secourir réciproquement, ce rebelle, alors réduit aux dernières extrêmités, et desespérant de pouvoir tenir plus long-temps, prit le parti de capituler ; il rendit les deux châteaux aux Anglois, et la ville au *duc de Saxe*. Puis ce prince et *Poynings* entamèrent une négociation avec les habitans de *Bruges*, pour les engager à se soumettre à *Maximilien*, leur souverain ; conseil qu'ils suivirent peu de temps après, en consentant à payer la plus grande partie des frais de cette guerre : après quoi les troupes allemandes et angloises furent congédiées. L'exemple de *Bruges* fut suivi par les autres villes révoltées : en sorte que *Maximilien* se vit hors d'inquiétude, à cet égard, sans être hors de l'indigence où sa négligence et ses prodigalités le faisoient sans cesse retomber. Quant à *Poynings*, après avoir fait quelque séjour à l'*Ecluse*, pour y rétablir entièrement le calme, il alla rejoindre le roi, qui alors assiégeoit Boulogne.

Vers le même temps, *Henri* reçut de *Ferdinand* et d'*Isabelle* des lettres qui lui annonçoient la fin de la guerre de *Grenade*, et l'entière conquête de ce royaume : lettres où *Ferdinand*, qui n'étoit pas homme à obscurcir ses propres actions, en les couvrant du voile de la modestie, faisoit une pompeuse et longue description des cérémonies qu'il avoit fait observer à son entrée dans la ville de ce même nom. *Henri*, qui sympathisoit naturellement avec lui, qui l'aimoit (*autant du moins qu'un roi peut en aimer un autre*), soit à cause des qualités personnelles de ce prince, soit parce qu'il espéroit pouvoir l'employer à balancer la puissance des Français, et qui d'ailleurs affectoit du goût pour les cérémonies religieuses, aimant même à se joindre au clergé dans ces occasions, donna ordre à son chancelier de lire publiquement ces lettres dans l'église de *Saint-Paul*, où il avoit fait assembler tous les seigneurs et les prélats qui se trouvoient alors à la cour, à *Londres*, ou dans les environs. Après quoi on chanta le *Te Deum* (1).

Quelques jours après cette solemnité, le roi célébra la fête de *Saint Philippe* et de *Saint Jacques*, dans son palais de *Shine*, appellé aujourd'hui le palais de *Richemond*, où, afin de réveiller le courage de ses courtisans et de sa jeune noblesse, il donna, pendant un mois, des *joûtes*, des *tournois*, et autres simulacres de combats. Durant ces jeux, *sir Jacques Parker* et *Hugues Waugham*

---

(1) Je supprime ici trois pages remplies de détails fastidieux relativement aux momeries de *Ferdinand* et de *Henri*; pages qui nous paroissent plus dignes d'un *récolet*, que d'un chancelier, ou d'un philosophe.

eurent un différent occasionné par une préférence que le maître de cérémonie avoit marquée pour ce dernier, en lui donnant à porter je ne sais quelles armes ou autres attributs; le roi leur accorda le combat, et leur permit de vuider leur différent en champ clos. Mais, à la première course, *Parker*, qui avoit un mauvais casque, reçut un coup si violent à la bouche, que la lance de son adversaire lui cloua presque la langue au fond du gosier; coup dont il mourut sur la place. Ce combat, vu la querelle qui l'avoit précédé, et la mort de l'un des champions, qui s'ensuivit, fut regardé comme un *duel judiciaire* (1). Sur la fin

___
(1) On l'appelloit *le jugement de Dieu*, parce qu'on supposoit que Dieu étoit trop juste pour souffrir que celui qui avoit le droit, eût le dessous. Mais des expériences réitérées (sur-tout celle de *Jacques Legris*) ayant prouvé que Dieu tenoit toujours pour le champion le plus vigoureux ou le plus adroit, ou, ce qui revient au même, qu'il étoit d'une grande insouciance sur ce point, on a supprimé dans les tribunaux cet usage de *prouver*

de cet été, le roi ayant levé et armé les troupes avec lesquelles il devoit attaquer la France (troupes néanmoins qu'il eut soin de ne pas rassembler), députa *Urswich*, qu'il avoit déja fait son aumônier, et *Jean Risley*, vers *Maximilien*, pour lui annoncer qu'ayant déja pris les armes, il étoit prêt à passer en France avec son armée, et qu'il attendoit seulement que ce prince voulût bien lui faire savoir en quel temps et en quel lieu il devoit aller joindre ses troupes aux siennes, comme il le lui avoit promis par *Countebalt*, son envoyé.

Quand les deux ambassadeurs de *Henri* furent arrivés à la cour de *Maximilien*, ils virent aussi-tôt, par leurs propres yeux, combien il y avoit loin des facultés de ce prince à ses magnifiques promesses; ils reconnurent qu'il n'avoit ni argent, ni troupes, ni armes, en un mot, rien qui répondît à la grandeur de l'ex-

---

son droit par une voie de fait; cependant, pour ne pas perdre tout-à-fait une si noble institution, on l'a fait passer des loix dans les mœurs.

pédition qu'il avoit entreprise. *Les deux ailes de ce pauvre prince étant encore trop courtes, il ne pouvoit prendre son essor.* Car, d'un côté, son patrimoine d'*Autriche* ne lui étoit point échu, son père étant encore vivant : de l'autre, une partie du *duché de Bourgogne*, que *Marie*, fille de *Charles-le-Hardi*, lui avoit apportée en dot, formoit le douaire de la duchesse, veuve de ce prince, et celle qu'il possédoit lui-même avoit été épuisée par la dernière révolte; en sorte qu'il n'avoit réellement point de forces suffisantes pour une telle guerre. Les ambassadeurs ne voyoient que trop cet extrême dénuement. Mais ils jugeoient avec raison qu'ils devoient plutôt en informer le roi par leurs dépêches, que de quitter la cour de *Maximilien* avant de savoir quel parti le roi voudroit prendre à ce sujet; conduite d'autant plus sage, que *Maximilien* lui-même ne rabattoit rien de ses magnifiques promesses, et tâchoit de les amuser par des réponses tendantes à entretenir leurs espérances ; en sorte que leur long séjour à sa cour paroissoit bien motivé. Le roi avoit très bien prévu le dénuement de ce prince, et avoit résolu de s'en faire un prétexte. En conséquence, dans sa réponse, il loua la discrètion qu'ils avoient eue de différer leur retour, et leur enjoignit de cacher avec soin la situation de *Maximilien*, jusqu'à ce qu'ils eussent reçu de nouveaux ordres à ce sujet. Pour lui, il se prépara à cette *fameuse* expédition, en étouffant tous les bruits qui pouvoient faire connoître à ses sujets la pénurie et l'impuissance de *Maximilien*.

Déja il avoit rassemblé dans la ville de *Londres* une puissante armée, où se trouvoient *Thomas, marquis de Dorcester,* les comtes d'*Arondel*, de *Derby*, de *Salop*, de *Suffolk*, de *Devonshire*, de *Kent* et d'*Essex*, avec un grand nombre de barons, de chevaliers, et d'autres personnes de distinction. Parmi ces seigneurs, *Richard Thomas* fut celui qui se fit le plus remarquer par les belles troupes qu'il avoit amenées du pays de *Galles*. Cette armée étoit composée de vingt-cinq mille hommes d'infanterie, et de seize cents chevaux. Le roi, qui étoit naturellement constant dans le choix de ses généraux, nomma le *duc de Bedfort* et le *comte d'Oxford* pour les commander sous lui. Le 9 septembre, et dans la huitième année de son règne, il partit de *Grenwich*, et marcha vers la mer, tout le monde étant étonné de ce qu'il commençoit la guerre dans l'arrière saison. Quelques-uns en tiroient un pronostic de la courte durée de cette guerre. Cependant le roi souhaitoit fort qu'on crût le contraire; aussi disoit-il que cette guerre ayant pour objet la conquête de toute la France, ce qui n'étoit pas l'affaire d'un seul été, peu importoit dans quelle saison il commençoit cette grande expédition, sur-tout si l'on considéroit qu'il auroit derrière lui *Calais*, où il pourroit prendre ses quartiers d'hiver, s'il étoit nécessaire. Le 6 d'octobre, il s'embarqua à *Sandwich*, et le même jour débarqua à *Ca-*

lais, qui étoit le rendez-vous général de toutes les troupes. Durant sa marche vers la mer, marche qu'il fit durer le plus qu'il lui fut possible, par la raison même que nous allons dire, il reçut des lettres du *maréchal de Cordes*, contenant des ouvertures pour un traité de paix : les intentions de ce seigneur, en faisant de telles propositions, devoient être d'autant moins suspectes, qu'il s'étoit porté avec plus de violence dans la guerre contre les Anglois; mais, d'ailleurs, il passoit pour un homme ouvert, franc et loyal. Le maréchal informoit, par ces lettres, le roi d'Angleterre que son maître l'avoit chargé de lui proposer un traité de paix; proposition qui étoit fort du goût de Henri (1). Mais ce prince cacha, avec une adresse admirable, ce commencement de négociation pour la

---

(1) Selon toute apparence, ces deux princes s'entendoient, et ces lettres avoient été provoquées par *Henri* lui-même, qui avoit le projet de retenir dans ses coffres la plus grande partie du subside qu'il venoit de lever sous prétexte de cette guerre.

paix. Dès qu'il fut arrivé à *Calais*, le vent doux de la paix commença à souffler. Car d'abord les ambassadeurs qu'il avoit envoyés dans les Pays-Bas, revinrent le trouver, et lui annoncèrent que *Maximilien* n'étoit nullement prêt à venir se joindre à lui, et qu'il n'y avoit aucun secours à espérer de ce prince. A la vérité, ces nouvelles n'abattirent point le courage des Anglois; ils n'en témoignèrent même que plus de résolution et de fierté, comme le font assez ordinairement, en pareille occasion, les vrais soldats. C'étoit toutefois un moyen assez adroit pour préparer les esprits à la paix. Aussi-tôt après arrivèrent aussi des couriers d'*Espagne*, qui annonçoient que *Ferdinand* et *Isabelle* venoient de conclure, avec *Charles*, un traité de paix, par lequel ce dernier prince leur rendoit les *comtés de Roussillon* et de *Cerdagne*, que *Jean, roi d'Arragon* et père de *Ferdinand*, avoit engagés à la France pour la somme de trois cent mille écus; dette qui fut entièrement acquittée par le moyen de cette paix. Cette seconde nouvelle arrivoit aussi fort à propos pour les vues de *Henri*, et lui fournissoit également un prétexte spécieux pour l'aider à faire la paix avec le roi de France, sans compromettre sa propre réputation; car il étoit clair que le roi d'Angleterre, après avoir perdu un allié aussi puissant que *Ferdinand*, ne pouvoit plus continuer la guerre. C'étoit de plus un exemple d'une paix vendue à prix d'argent, exemple donné par un prince illustre; en conséquence, si le roi d'Angleterre la vendoit aussi, il n'étoit pas le seul marchand en ce genre. Le roi, après avoir ainsi préparé les esprits, ne se montra pas trop difficile; il voulut bien entendre à un traité de paix, et permettre que l'évêque d'*Excester* et d'*Aubeney*, commandant de *Calais*, ouvrissent des conférences avec le *maréchal de Cordes*, pour discuter les articles du traité proposé. Pour lui, il partit de *Calais*, avec son armée, le 15 d'octobre, et quatre jours après, alla mettre le siège devant *Boulogne*.

Pendant ce siège, qui dura près d'un mois, il n'y eut aucun événement mémorable, sinon que *sir Jean Sauvages*, officier distingué par son courage, fut tué en se promenant à cheval autour de la ville, pour en examiner les fortifications. Quoique cette ville eût une garnison assez nombreuse, fût très bien fortifiée et ne manquât pas de munitions, cependant les Anglois poussèrent si vivement le siège, qu'ils étoient déja prêts à livrer l'assaut: on prétend que, s'il avoit eu lieu, il y auroit eu beaucoup de sang répandu de part et d'autre, et qu'à la fin la ville auroit été prise : mais bientôt le traité de paix fut conclu et ratifié par les deux rois. Il ne devoit avoir d'autre terme que celui de la vie de ces deux princes. On n'y voyoit aucun article important, et qui mérite qu'on en fasse mention ; aussi étoit-ce plutôt une sorte de *marché* qu'un *traité*. Il portoit en substance que toutes choses resteroient *in statu quo* (dans l'état où elles se trouvoient), sous condition toutefois que le roi de

France paieroit à *Henri* la somme de 745,000 ducats pour les frais de cette expédition, et 25,000 écus pour l'indemniser des dépenses qu'il avoit faites en faveur de la Bretagne. Cette dernière somme étoit précisément celle que *Henri* avoit avancée à *Maximilien*. *Henri*, par cet arrangement, ne faisoit que changer de débiteur; mais ce changement lui plaisoit autant que le paiement total de la dette. On doit observer de plus que cette somme de 25,000 écus étoit une espèce de pension perpétuelle que les Anglois prirent pour une sorte de *tribut* (1), déguisé sous un nom spécieux. Quoi qu'il en pût être, cette pension, qui fut en effet payée à *Henri VII* et à *Henri VIII*, son fils et son successeur,

---

(1) C'en étoit réellement un : le roi d'Angleterre ayant dit, à l'ouverture du dernier parlement, que le but de son expédition étoit *d'obliger le roi de France à payer le tribut ordinaire dont il s'étoit dispensé depuis long-temps*, bravade que le roi de France n'ignoroit pas; dès que celui-ci achetoit la paix par une grosse somme une fois payée, et par une pension perpétuelle, il payoit un tribut.

fut continuée beaucoup plus long-temps qu'il n'étoit nécessaire pour rembourser complètement les avances que *Henri* avoit faites au duc de Bretagne. De plus, les principaux conseillers de *Henri* reçurent de grosses pensions du roi de France, outre les riches présens qu'il leur fit en cette occasion. Mais, si le roi leur permit de les recevoir, fut-ce pour épargner ses propres finances, ou pour partager avec eux l'odieux de ce traité vénal ? c'est un point sur lequel les sentimens sont partagés, et que nous n'oserions décider (1). Au reste, il est certain que le roi ne voulut point du tout paroître avoir eu le premier l'idée de cette paix; aussi eut-il soin d'engager secrètement plusieurs de ses principaux officiers à lui présenter une requête pour

---

(1) Ne pourroit-on pas le décider en supposant que ces deux motifs réunis le déterminèrent à souffrir que ses principaux conseillers fussent, comme lui, pensionnés, et, en quelque maniére, *gagés* par le roi de France ? car ces deux motifs pouvoient fort bien marcher ensemble, *Henri VII* n'étant pas moins cupide que rusé.

le supplier humblement de permettre qu'on entamât une négociation pour la paix. Mais la vérité est qu'elle étoit également agréable aux deux rois : à *Charles*, en lui assurant la paisible possession de la Bretagne, et en levant le principal obstacle qui auroit pu empêcher ou retarder son expédition dans le royaume de *Naples* : à *Henri*, en remplissant ses coffres ; sans compter qu'il prévoyoit dès-lors la révolte dont il étoit menacé, et qui éclata en effet quelque temps après. Mais sa noblesse et ses principaux officiers, dont quelques-uns avoient feint des dispositions pour la paix, et s'étoient prêtés à la négociation par pure déférence pour ses volontés, n'en furent pas moins mécontens de ce traité ; mécontentement d'autant plus fondé, que quelques-uns d'entre eux avoient vendu, aliéné ou engagé leurs terres pour subvenir aux frais de leurs équipages, dans l'espérance que cette guerre les dédommageroit de ces dépenses. Ils ne craignoient point de dire que le roi ne *faisoit pas scrupule de plumer son peuple et sa noblesse, pourvû qu'il se remplumât lui-même.* Quelques-uns même, tournant la chose en plaisanterie, et se rappellant que le roi avoit dit, dans la dernière session du parlement, *qu'il dirigeroit ses opérations militaires de manière que la guerre se défraieroit elle-même,* avoit très exactement tenu parole à cet égard.

Après avoir levé le siège de *Boulogne,* il retourna à *Calais,* où il séjourna pendant quelque temps. Durant ce séjour, il écrivit, de sa propre main, au lord *maire* et aux *aldermans* de *Londres,* pour leur faire part de ce traité de paix, genre de civilité dont il les honoroit quelquefois. Dans cette lettre, il se glorifioit presque des grosses sommes que cette paix lui avoit valu; ne doutant point que les habitans de *Londres,* en apprenant du roi même, que ses coffres étoient pleins, ne crussent apprendre une très bonne nouvelle: mais cette nouvelle leur eût été encore plus agréable, s'il leur eût écrit que cette dernière contribution qu'il avoit levée sur eux, à titre de *bénévolence*, ou de *don gratuit*, n'étoit de sa part qu'un simple *emprunt*. Quoi qu'il en soit, le 27 de décembre de cette même année, il fut de retour à *Westminster*, où il assista à la célébration des fêtes de *Noël* (1).

Peu de temps après son retour, il envoya à *Alphonse, duc de Calabre* et *fils aîné* de *Ferdinand, roi de Naples*, le cordon de l'ordre de *la Jarretière*, que ce prince avoit souhaité de porter, pour se donner plus de relief aux yeux des Italiens, et pour imposer davantage à ses peuples. Car, s'attendant à être bientôt attaqué par le roi de France, il attachoit beaucoup de prix à l'amitié du roi d'Angleterre; espérant que ses liaisons avec ce prince étant mieux connues par ce moyen, elles pourroient tenir en bride l'ambition de *Charles*. Il reçut ce cordon avec beaucoup d'appareil et de magni-

---

(1) Qu'apparemment il fit recommencer; cette histoire est toute remplie de petites méprises du même genre.

ficence, comme on le fait ordinairement en recevant une simple décoration qu'on n'a voulu obtenir que pour augmenter sa réputation, et se donner des dehors imposans. *Urswich* en étoit le porteur; *Henri* lui avoit donné cette commission à titre de récompense, espérant que ce seigneur, qu'il avoit employé dans plusieurs négociations importantes et difficiles dont un ambassadeur ne pouvoit tirer d'émolumens, en seroit enfin dédommagé par les riches présens d'*Alphonse*, dont il connoissoit la libéralité.

Vers le même temps, *Marguerite*, duchesse douairière de Bourgogne, réussit, par ses intrigues, à donner au roi de nouvelles inquiétudes; elle évoqua, pour ainsi dire, l'ombre de *Richard, duc d'Yorck* et second fils d'*Édouard IV*, pour la promener sur le théâtre du monde, et faire du moins chanceler sur son trône, à l'aide de cette machine, un prince qu'elle ne pouvoit en précipiter. Ce nouveau personnage, produit sur la scène par des souverains beaucoup plus puissans, entre autres par la *duchesse de Bourgogne*, *le roi de France* et même le roi d'*Ecosse*, étoit beaucoup plus éblouissant et plus capable d'en imposer au vulgaire, que *Lambert Simnel*. Ce dernier n'avoit qu'une partie des conditions requises pour jouer un tel rôle, tous ses avantages se réduisant à cette rare beauté et à cet air majestueux qui ne faisoit point honte aux habits royaux dont il avoit été revêtu pendant quelque temps. Mais celui dont nous allons parler possédoit à tel point l'art de faire illusion, que, dans les occasions mêmes où, en faisant son personnage sur la scène, il auroit oublié une partie de son rôle, il auroit eu assez de génie pour y suppléer de lui-même. Ainsi, ce fantôme de prince étant un des exemples les plus mémorables qu'on puisse trouver, en ce genre, dans l'histoire ancienne ou moderne, nous entrerons dans les plus grands détails à son sujet, quoique l'habitude où étoit *Henri VII*, de mettre dans l'ombre tout complot de cette espèce, et de n'en laisser voir qu'une partie, ait couvert toute cette affaire d'un voile si épais, qu'aujourd'hui même il est impossible de le percer entièrement.

La *duchesse Marguerite* (que les amis du roi appelloient *Junon*, parce qu'animée contre ce prince comme cette déesse l'avoit été contre *Énée*, elle auroit voulu pouvoir *mettre en mouvement les cieux et les enfers pour lui nuire*), et qui étoit l'ame de ce complot, n'épargnoit aucun soin pour répandre et accréditer, par ses émissaires, un bruit qui couroit alors; savoir: que *Richard, duc d'Yorck* et second fils d'*Édouard IV*, n'avoit pas été assassiné dans la tour, comme on l'avoit cru; mais qu'il s'en étoit échappé, et qu'il se tenoit caché dans quelque retraite. On prétendoit que ceux qui avoient prêté leur ministère pour cet horrible attentat, avoient en effet tué son aîné; mais qu'ensuite ayant eux-mêmes horreur du crime qu'ils venoient de commettre, et émus de compassion pour son frère puîné (pour ce même Richard), ils l'avoient aidé à se mettre en liberté et abandonné à sa destinée. Tel fut le piège que la duchesse tendit à la crédulité du vulgaire, espérant qu'ils'y laisseroit prendre aisément, et encouragée par le succès momentanée de *Lambert Simnel*. Mais, pour assurer celui de cette nouvelle trame, elle employa toute l'adresse et toutes les précautions possibles. Elle fit d'abord chercher, par ses agens secrets, parmi les jeunes hommes de l'extérieur le plus avantageux, un individu dont elle pût faire un *Plantagenet*. Ils trouvèrent enfin un sujet qui avoit toutes les conditions requises pour représenter parfaitement la personne du *duc d'Yorck*.

Cet imposteur, dont nous allons décrire les travaux et les exploits, portoit le nom de *Warbeck*, et le surnom de *Perkin*. En premier lieu, il avoit l'âge compétent pour un tel rôle. En second lieu, c'étoit un individu, dans la première fleur de la jeunesse, d'une rare beauté, d'une taille élégante, et en qui un extérieur très aimable se trouvoit uni à un air de dignité. Ses gestes et ses manières avoient un charme inexprimable qui inspiroit tout à la fois pour sa personne une confiance entière et une respectueuse commisération. En un mot, tous ceux qui le voyoient ou l'entendoient, étoient tellement éblouis par son air et ses discours, qu'ils étoient, en quelque manière, forcés d'être ses dupes. De plus, il avoit été tellement errant depuis sa plus tendre enfance (et pour employer l'expression même du roi, quoique triviale), il avoit été un si grand *batteur de pavé*, qu'il auroit été très difficile de découvrir son berceau ou ses parens. De plus, il s'étoit si souvent déplacé, et avoit fait si peu de séjour dans chaque lieu, que personne n'avoit eu le temps de le connoître assez, pour pouvoir, dans la suite, le reconnoître à son air et à ses discours. Une autre circonstance, qu'un auteur contemporain n'a pas omise, et qui paroîtra frivole à la première vue, mais qui, selon toute apparence, l'aida beaucoup dans ce rôle qu'il vouloit jouer, et qui peut-être lui en fit naître la première idée, c'est qu'il avoit eu pour parrain le roi *Édouard IV*. Quelques personnes même considérant que ce roi *Édouard* étoit fort adonné aux femmes, et que ce prince n'auroit pas, sans quelque puissant motif, daigné tenir un enfant dans une famille si obscure, soupçonnoient que cet imposteur tenoit en effet un peu à la famille d'*Yorck*, et pouvoit bien être fils naturel du roi *Édouard* (1).

Voici tout le détail de cette comédie : Jean *Osbeck*, juif converti et établi à *Tournai*, où il avoit été revêtu de quel-

---

(1) Si *Henri VII* descendoit d'un bâtard de la maison de *Lancastre*, comme le prétend M. *Hume*, un bâtard de la maison d'*Yorck* dont presque toute la nation angloise préféroit le titre, sur-tout un fils naturel du dernier roi (car *Richard III* n'étoit qu'un usurpateur), auroit eu plus de droit à la couronne que *Henri VII*; ou plutôt *Henri VII* n'y avoit pas plus de droit que lui, attendu que *Perkin* avoit aussi abusé de la confiance de toute une nation; ce qui légitime et l'usurpateur et l'usurpation.

que magistrature, ayant épousé Catherine *de Far,* eut quelques affaires qui l'obligèrent à aller vivre à Londres pendant plusieurs années, et sous le règne d'*Édouard IV.* Durant ce long séjour, il eut un fils; et comme il avoit été assez heureux pour se faire connoître à la cour, le roi, soit que, par un motif de religion, il s'intéressât à ce juif converti, soit par un pur sentiment de bienveillance qui n'auroit eu rien d'étonnant dans un prince très populaire, voulut bien tenir ce fils sur les fonts de baptême, et lui donner le nom de *Pierre.* Dans la suite, cet enfant paroissant très délicat et ayant un air féminin, ce nom fut changé en celui de *Peterkin* ou de *Perkin,* sorte de *diminutif* fort commun dans l'idiôme flamand. Car ce nom de *Warbeck,* sous lequel il étoit connu avant que ce complot eût été bien approfondi, ce n'étoit qu'au hazard qu'on le lui donnoit : cependant on avoit tant parlé de lui sous le nom de *Warbeck,* qu'il lui resta, même après qu'on eût appris que son véritable nom étoit *Osbeck*. Il étoit encore dans sa première enfance, lorsque ses parens revinrent à Tournai. Peu de temps après ils le confièrent à *Jean Stenbeck*, un de ses parens du côté de sa mère, et établi à *Anvers*. En conséquence, il alloit et revenoit fréquemment d'*Anvers* à *Tournai*, et parcouroit aussi les autres villes de Flandre. Dans ces courses, il fréquenta beaucoup d'Anglois, et par ce moyen il apprit parfaitement leur langue. Enfin, quelques années après, *Perkin* étant parvenu à l'adolescence, et se trouvant alors dans la fleur de sa beauté, les émissaires de *Marguerite* le rencontrèrent, l'amenèrent à la cour, et le présentèrent à cette princesse. Après l'avoir examiné fort attentivement, considérant son air spirituel et la noblesse de sa physionomie, de sa taille et de ses manières, toutes choses qui sembloient le destiner à la plus haute fortune, elle se flatta d'avoir enfin trouvé ce sujet dont elle vouloit faire un *duc d'Yorck*. En conséquence, elle le retint long-temps près d'elle, mais à l'insu de toute sa cour; temps qu'elle employa à le former, dans plusieurs entrevues secrètes. En premier lieu, elle lui apprit à *représenter*, d'une manière digne d'un prince, soit par ses gestes, soit par ses regards, et à prendre un air de dignité, tempéré par l'air modeste qui convenoit à ses infortunes supposées. Puis elle l'instruisit de toutes les particularités qui concernoient la personne du duc d'Yorck, dont il devoit jouer le rôle. Elle lui décrivit aussi, dans le plus grand détail, la figure, l'air, les traits, la taille, le maintien, les gestes et la démarche, soit du roi et de la reine dont ce prince étoit fils, soit de ses frères et sœurs, soit enfin de ses domestiques et de toutes les personnes dont il avoit été environné durant son enfance. Elle lui fit aussi un détail très circonstancié du tout ce qui étoit arrivé au duc, soit en public, soit en particulier, jusqu'à la mort d'*Édouard IV*; enfin, de tout ce qui étoit de nature à pouvoir frapper assez l'attention d'un enfant, pour se graver profondément dans sa mémoire, et dont on supposeroit que le vrai *duc d'Yorck* auroit dû se souvenir. Elle y joignit toutes les particularités relatives au temps écoulé depuis l'époque de la mort du roi *Édouard*, jusqu'à celle où ses deux fils furent renfermés dans la tour, et lui apprit tout ce qui étoit arrivé au jeune duc, soit lorsqu'il jouissoit de sa liberté, soit lorsqu'il vivoit dans l'asyle où la reine douairière s'étoit retirée avec ses enfans. A l'égard du temps que le jeune duc avoit passé dans la tour, et de la manière dont on l'avoit mis en liberté, après avoir assassiné son frère aîné, la duchesse savoit assez que toutes ces choses ayant été fort secrètes, *Perkin* resteroit maître d'y suppléer en inventant tout ce qu'il lui plairoit sur ce sujet, et qu'il y auroit peu de personnes qui pussent le convaincre de mensonge sur ce point. Après avoir ainsi composé, pour *Perkin*, une fable très détaillée et de la plus grande vraisemblance, elle lui recommanda de l'apprendre avec le plus grand soin, et de s'en écarter le moins qu'il pourroit. Elle se concerta aussi avec lui, sur ce qu'il auroit à répondre aux questions qu'on lui feroit sur ses voyages, et il fut convenu entre eux qu'à ses fictions il mêleroit beaucoup de faits réels qui pourroient être attestés par un grand nombre de personnes, ce qui donneroit plus de vraisemblance à sa fable; mais en ayant toujours l'attention de ne rien avancer qui ne convînt parfaitement au personnage qu'il vouloit représenter. Elle lui apprit aussi à décliner avec adresse certaines questions captieuses qu'on ne manqueroit pas de lui faire. Mais, en lui faisant faire quelques essais en ce genre, elle lui trouva tant de prestesse et de fécondité, tant de facilité à se retourner et à imaginer des subterfuges, qu'elle crut pouvoir se reposer sur les talens naturels du sujet; ce qui lui épargna beaucoup de peine à cet égard. Ensuite elle tâcha de lui inspirer du courage et de lui élever l'ame, soit par les riches présens qu'elle lui fit alors, soit par des promesses encore plus magnifiques, lui montrant la brillante perspective d'une couronne, au cas qu'il réussît, et celle d'une retraite honorable à sa cour, au cas qu'il échouât. Après que cette princesse l'eut suffisamment endoctriné, et se fut bien assurée qu'il étoit en état de profiter de ses leçons, elle songea ensuite à choisir un théâtre où ce nouvel acteur pût débuter avec avantage, et jugea que le plus convenable seroit l'*Irlande*, où un autre personnage de la même espèce avoit déja paru sur la scène avec assez de succès. Quant au temps de cette apparition, elle pensa que le plus favorable seroit celui où *Henri* feroit la guerre à la France. Elle se doutoit bien aussi que tout ce qui paroîtroit venir de la cour de Flandre, feroit naître des soupçons contre elle; qu'en conséquence, si *Perkin* passoit directement de Flandre en Irlande, on croiroit aussi-tôt qu'elle auroit part à cette comédie. De plus, les circonstances étoient d'autant moins favorables, que les deux rois venoient d'entamer une négociation pour la paix. En conséquence, la duchesse, pour éloigner d'elle tout soupçon, et craignant de plus que, si elle gardoit plus longtemps *Perkin* à sa cour, on ne pénétrât dans ce mystère, le fit partir secrètement avec *ladi Brampton*, dame angloise, qui partoit alors pour le *Portugal*, le faisant accompagner d'un homme dont elle étoit sûre, et qu'elle avoit chargé de le surveiller, leur enjoignant à tous deux de rester dans ce royaume jusqu'à nouvel ordre. En attendant une occasion favorable pour faire paroître *Perkin* sur la scène, elle n'épargna aucun soin pour lui préparer les voies et lui assurer une réception favorable à son retour, non-seulement en *Irlande*, mais même à la cour de *France*. Le séjour de *Perkin* en Portugal fut d'environ un an. Ce fut dans ce même temps que *Henri*, comme nous l'avons déja dit, ayant convoqué le parlement, déclara ouvertement la guerre à la France. Alors enfin la duchesse, jugeant que les circonstances étoient favorables, et que le temps de l'apparition étoit venu, envoya ordre à *Perkin* de passer aussi-tôt en Irlande. Conformément à cet ordre, il se mit en mer avec son compagnon, et prit terre à *Corke*. A la première nouvelle de son arrivée, (si nous devons ajouter foi à ses aveux et à cette relation qu'il fut obligé de faire publiquement), les Irlandois le voyant assez magnifiquement vêtu, accoururent de toutes parts pour le saluer. Ils s'imaginèrent d'abord que c'étoit ce même *duc de Clarence* qui avoit déjà fait quelque séjour dans leur île; puis, changeant tout à coup d'opinion, ils le prirent pour un fils naturel de *Richard, III*. Enfin, abandonnant encore cette idée, ils prétendirent que c'étoit *Richard, duc d'Yorck*. Pour lui, ajoutoit-il dans sa relation, il rejetoit tous ces titres, et s'efforçoit de détruire leur prévention, leur offrant même de jurer sur l'évangile qu'il n'étoit rien moins que ce qu'ils croyoient. Enfin, vaincu par leurs importunités et par l'espèce de violence qu'ils lui faisoient, il se prêta un peu à leur illusion, et consentit à être tout ce qu'il leur plairoit. Mais toute cette partie de sa relation n'est qu'un tissu de faussetés. La vérité est qu'aussi-tôt après son arrivée en Irlande, ayant pris, de son propre mouvement, le titre et le rôle de duc d'Yorck, il employa toutes sortes de ruses et de prestiges pour attirer à son parti un grand nombre d'habitans; qu'il eut même l'impudence d'écrire aux *comtes* de *Desmond* et de *Kildare*, afin de les engager à envoyer promptement des troupes pour le soutenir; tous faits constatés par ses propres lettres, dont les originaux ont été conservés.

Peu de temps auparavant, la *duchesse de Bourgogne* avoit attiré à son parti *Etienne Frion*, secrétaire de *Henri* pour la langue française, homme qui ne manquoit pas de talens et d'activité, mais d'un caractère turbulent et très indisposé contre ce prince. Il quitta tout-à-coup l'Angleterre, et se réfugia auprès de *Char-*

les, au service duquel il entra, lorsqu'il vit la guerre déclarée entre les deux rois. Quand il eut instruit son nouveau maître de tout ce qui concernoit le personnel et les desseins de *Perkin,* ce prince, qui n'étoit que trop disposé à saisir avec joie toutes les occasions de nuire au roi d'Angleterre, d'ailleurs séduit par les brillantes spéculations de *Frion,* et favorablement disposé par l'adresse de la duchesse *Marguerite,* députa aussi-tôt *Lucas* et *Frion* lui-même, avec la qualité d'ambassadeurs, vers *Perkin.* Ils avoient ordre de l'assurer de la bienveillance de *Charles,* et de lui dire que ce prince prenant part à ses disgraces, et étant disposé à lui donner des preuves effectives de son inclination à l'obliger, avoit dessein de l'aider, par de puissans secours, à défendre ses droits à la couronne contre Henri, usurpateur du trône d'Angleterre et ennemi de la France; l'invitant même à passer aussi-tôt en France, et à se rendre auprès de lui. *Perkin* se crut le plus heureux des mortels, lorsqu'il se vit si honorablement invité par un grand prince, qui daignoit même lui envoyer des ambassadeurs. Il fit part de ces heureuses nouvelles à ses amis et à ses adhérens d'Irlande, pour animer leur courage, en leur montrant que la fortune elle-même l'appelloit aux plus hautes destinées. Plein de ces espérances, il passa aussi-tôt en France. A son arrivée, Charles lui fit la réception la plus solemnelle, lui donna toujours le titre de *duc d'Yorck*, en le saluant, et lui assigna un logement magnifique, avec tout ce qui compose le train d'un homme du rang le plus élevé. Pour compléter l'illusion, il lui donna une garde dont le *lord Congresall* fut fait capitaine. Les courtisans mêmes, quoique les Français ne soient pas aisément dupes des aventuriers de cette espèce, ne laissèrent pas de se prêter à cette feinte, et de se conformer, sur ce point, aux desirs du prince, se doutant bien que sa conduite envers *Perkin* étoit motivée par l'intérêt de l'état. Ces nouvelles s'étant répandues en Angleterre, plusieurs personnes de distinction, telles que *Georges Neville*, *Jean Taylor*, et une centaine d'autres, voyant *Perkin* si puissamment soutenu, passèrent en France, et allèrent lui offrir leurs services. De ce nombre étoit ce même *Frion*, dont nous avons parlé, et qui, dès cette époque, s'attacha constamment à la fortune de *Perkin*; il fut toujours son confident le plus intime, l'ame de toutes ses entreprises, et son principal instrument. Mais ils étoient tous dupes de *Charles*, qui n'avoit ainsi accueilli *Perkin* que pour engager plus aisément *Henri* à accéder au traité de paix; et dès que le roi d'Angleterre, aux conférences de *Boulogne*, parut disposé à la conclusion de ce traité, toutes les brillantes espérances de *Perkin*, du côté de la France, s'évanouirent. Cependant, quoique *Henri* eût demandé que cet aventurier lui fût livré, *Charles*, croyant ne pouvoir, sans se déshonorer, attenter à la liberté de ce jeune homme qu'il avoit lui-même attiré à sa cour, le fit avertir secrètement de se retirer. *Perkin*, de son côté, hâta son départ, craignant que ce prince ne changeât d'avis et ne le fît arrêter. Il prit le chemin de la *Flandre*, se réfugia auprès de la duchesse, et lui déclara publiquement, à son arrivée, qu'après avoir été battu, en différens lieux, par les flots de la fortune, il se réfugioit à sa cour comme dans un port assuré ; mais il n'eut garde de dire qu'il y avoit déja fait un assez long séjour, et il parla toujours comme si c'étoit la première fois qu'il y fût venu. La duchesse, non moins dissimulée, feignit d'être étonnée de son arrivée, et le traita comme une personne qui n'auroit jamais paru à sa cour. Elle poussa même plus loin la dissimulation ; les premiers jours, elle affectoit de dire que l'imposture de *Simnel* avoit été pour elle une leçon qui l'avoit rendue plus circonspecte et plus défiante à l'égard de ces aventuriers qui usurpent des titres éclatans ; qu'au reste, cette affaire de *Simnel* ne lui paroissoit pas encore bien éclaircie. Elle sembloit, en présence de toute sa cour, prendre peine à lui faire des questions captieuses, comme pour l'embarrasser, et pour s'assurer s'il étoit véritablement le *duc d'Yorck*. Mais, à chaque réponse de *Perkin*, elle affectoit la plus grande surprise. Enfin, après l'examen le plus long et le plus rigoureux, elle parut ravie de joie et d'admiration à l'étonnante histoire de la délivrance de ce jeune prince; elle l'embrassa comme un parent chéri, qui, après avoir long-temps passé pour mort, lui auroit été rendu tout-à-coup. Les moyens miraculeux par lesquels Dieu a daigné le délivrer, disoit-elle, prouvent assez que ce jeune prince est réservé pour la plus éclatante fortune, et destiné à exécuter de grandes choses. Quant à l'ordre que *Perkin* avoit reçu de sortir de France, elle ne vouloit point qu'on le regardât comme un signe de mépris et de défiance de la part des Français : cet ordre, au contraire, disoit-elle, prouve qu'ils le regardent comme une personne du plus haut rang; si le roi d'Angleterre n'avoit pas eu de lui cette idée, il n'auroit pas attaché tant de prix à la déférence que *Charles* lui a témoignée en abandonnant ce jeune prince; et cette seule raison ne l'auroit pas déterminé à accéder au traité de paix, comme on l'a vu. C'est un prince aussi estimable qu'infortuné, qui a été sacrifié aux intérêts et à l'ambition de deux puissans monarques. *Perkin*, de son côté, ne s'abandonnoit pas lui-même, et n'oublioit rien pour donner une haute idée de sa personne. Cette *affabilité majestueuse et vraiment royale* avec laquelle il daignoit se prêter aux explications qu'on lui demandoit, la précision et la justesse de ses réponses, cet air de *bonté* avec lequel il accueilloit ceux qui briguoient sa faveur; enfin, la modeste et noble indignation qu'il témoignoit contre ceux qui osoient douter de son illustre naissance; tous ces moyens réunis et variés avec une adresse merveilleuse, secondoient parfaitement les soins que prenoit la duchesse pour le faire valoir : en sorte que non-seulement il passa constamment pour le vrai *duc d'Yorck* aux yeux des personnes les plus distinguées, mais que lui-même, à force de jouer le rôle de ce prince, *et de répéter la fable qu'il avoit inventée, finit par croire ses propres mensonges :* en un mot, *l'acteur, après un grand nombre de représentations, se prit pour le personnage qu'il représentoit, et fut lui-même dupe de l'illusion qu'il faisoit aux autres.* En conséquence, la duchesse, feignant de croire que l'affaire de *Perkin* étoit suffisamment approfondie, le combla d'honneurs, l'appellant son *neveu*, et l'honorant, en toute occasion, du titre flatteur de la *rose blanche* (genre d'attribut ou de titre affecté à la maison d'*Yorck*, comme la *rose rouge* l'étoit à la maison de *Lancastre*) : elle lui donna aussi une garde de trente hallebardiers, portant des tuniques bariolées de rouge et de bleu. Toute sa cour, à son exemple, tant les Flamands que les étrangers, ne rendit pas moins d'honneurs à cet aventurier.

La nouvelle de ces événemens passa rapidement en Angleterre, où la renommée publia que le *duc d'Yorck* étoit réellement vivant, et que son existence étoit bien constatée. Le nom de *Perkin* étoit encore inconnu à cette époque; et lorsqu'on parloit de ce jeune homme, on le désignoit toujours sous le titre de *duc d'Yorck*. On prétendoit qu'il avoit été reconnu en *Irlande*, vendu par la *France*, mais reconnu aussi en *Flandre*, où il jouissoit des plus grands honneurs. Ces bruits étoient avidement reçus en Angleterre, et y faisoient la plus grande impression; mais les uns les adoptoient par haine pour le roi; les autres, par des vues ambitieuses; d'autres, par pure légèreté et par goût pour la nouveauté; un très petit nombre, par crédulité et par des motifs de religion; le plus grand nombre, par foiblesse d'esprit; quelques-uns aussi, par pure complaisance pour des personnes de distinction qui travailloient sous main à accréditer et à entretenir ces bruits. Quoi qu'il en soit, ils furent bientôt suivis de murmures et de discours séditieux contre la personne du roi et contre son administration. On se plaignoit hautement de ses exactions et des mesures arbitraires qu'il prenoit sans cesse pour abaisser la noblesse du royaume. Dans ces plaintes et ces reproches, on n'avoit garde d'oublier la perte de la *Bretagne,* qu'on lui imputoit, ni la manière injurieuse dont il traitoit la reine, ni son obstination à ne vouloir point régner en vertu des droits de cette princesse. En conséquence, on disoit que Dieu avoit enfin suscité et produit au grand jour un vrai descendant de la maison d'*Yorck,* un vrai *Plantagenet,* qui, en occupant le trône, ne seroit point revêtu d'une autorité précaire, quoique le roi, en privant son épouse des droits qu'elle tenoit de cette illustre maison, semblât avoir voulu déshériter tous les *Plantagenet.* Cependant il en étoit de ces plaintes comme de tous ces discours qui en imposent au vulgaire, qu'il écoute avidement et qui surprennent sa crédulité; elles étoient si générales, qu'il auroit été impossible d'en découvrir les auteurs, qui se cachoient dans la foule, à peu près comme ces plantes rampantes qui jettent une infinité de scions à la surface de la terre, et dont on ne voit point la racine; ou comme ces traces qu'une bête fauve imprime sur le sol, suivant des directions opposées, et qui font perdre sa piste. Mais ces dispositions séditieuses, en se répandant ainsi, gagnèrent enfin des hommes du plus haut rang, dont les principaux étoient *sir Guillaume Stanley*, grand chambellan de sa majesté; *sir Fitz-Water, Simon Montfort, sir Thomas Thwastes*, et quelques autres. Ils formèrent une conspiration pour soutenir ce *duc d'Yorck supposé*, et pour l'aider à faire valoir son titre à la couronne. Mais cette conspiration fut d'abord très secrète, la plupart d'entre eux craignant de se commettre; et les seuls qui osèrent d'abord lever le masque, furent *sir Robert Clifford* et *Guillaume*

Barley, qui passèrent en *Flandre,* étant chargés, par ceux d'entre leurs partisans qui restoient en Angleterre, d'examiner, par leurs propres yeux, ce qui se passoit à la cour de la duchesse, et de vérifier ces nouvelles si étonnantes qui en étoient venues. Ils avoient confié à ces deux seigneurs de grosses sommes d'argent, avec ordre de ne les répandre qu'autant que les bruits en question se trouveroient fondés. L'arrivée de *Robert Clifford,* seigneur distingué par son illustre naissance et par ses qualités personnelles, fut très agréable à la duchesse, qui, après quelques entrevues, crut devoir l'aboucher avec *Perkin.* Ils eurent en effet plusieurs secrets entretiens, après lesquels *Clifford,* soit que la duchesse eût su l'attirer au parti de cet aventurier, soit que *Perkin* même eût réussi à lui faire illusion, écrivit à ses complices, en Angleterre, une lettre où il paroissoit persuadé d'avoir vu le véritable *duc d'Yorck,* employant même, dans cette lettre, ces fortes expressions : *J'ai con-*

nu le jeune duc, comme je me connois moi-même, et je ne doute nullement que ce ne soit lui que j'ai vu à la cour de la duchesse. Un témoignage si positif, rendu par un seigneur jouissant de la plus haute considération, fit la plus forte impression sur les esprits; elle dissipa tous les doutes, et il se forma, contre l'autorité du roi, une conspiration régulière, qui fut fomentée par l'étroite correspondance qui s'établit entre ceux des conjurés qui se trouvoient en Flandre, et ceux qui étoient restés en Angleterre. Le roi, de son côté, ne s'endormoit point ; mais il ne se pressoit pas d'armer, de peur de marquer de la crainte, et de donner trop d'importance à cette fable par ses précautions mêmes. Il eut soin de faire mettre l'*embargo* sur tous les ports, ou du moins il enjoignit à ses émissaires d'y observer avec soin tout ce qui entroit ou sortoit, et de soumettre au plus rigoureux examen toutes les personnes suspectes : à l'égard du reste, il résolut d'opposer la ruse à la ruse : son plan avoit deux principaux objets; l'un, de dévoiler à tous les yeux l'imposture de *Perkin*; l'autre, de semer la division entre les conjurés, et de les commettre les uns avec les autres. Il ne se présentoit que deux moyens pour remplir le premier objet; l'un, de prouver clairement que le *duc d'Yorck* avoit été réellement assassiné; l'autre, de démasquer *Perkin* lui-même, soit que le duc fût mort ou vivant, et de démontrer sans réplique à toute l'Europe que le jeune homme qui prenoit le nom et le titre de ce prince, n'étoit qu'un imposteur et un aventurier. Quant au premier point, voici ce que les relations de cet événement nous apprennent sur ce sujet. Il ne pouvoit y avoir que quatre personnes qui pussent déposer comme témoins oculaires de l'assassinat du *duc d'Yorck*; savoir : *Jacques Tirrel*, qui avoit reçu, à ce sujet, l'ordre immédiat de *Richard III; John Dighton* et *Milon Forest*, ses domestiques, qui avoient commis cet attentat ; enfin, *le chape-*

lain de la tour de Londres, qui les avoit ensevelis. *Milon* et le *prêtre* étoient morts ; il ne restoit donc plus que *Tirrel* et *Dighton*. Le roi les fit mettre aussi-tôt à la tour, avec ordre de leur faire subir le plus rigoureux interrogatoire sur la mort de ces deux princes infortunés. Voici la substance de leurs réponses ; ces deux criminels (comme le roi lui-même le publia) ayant toujours persisté dans leurs dépositions, qui furent parfaitement d'accord dans tous les points. Ce fut d'abord à *Brakemburg*, lieutenant de la tour, que *Richard III* donna l'ordre de faire mourir les deux princes. Sur son refus, *Richard* ayant chargé Tirrel de cet attentat, lui enjoignit de se faire remettre, par le lieutenant, les clefs de la tour, pour une seule nuit, en lui disant qu'il en avoit besoin pour exécuter certains ordres secrets du roi. En conséquence, *Tirrel* se rendit de nuit à la tour, avec les deux domestiques nommés ci-dessus, et qu'il avoit choisis pour faire le coup. Pour lui, il resta au bas de l'escalier, tandis que ces deux hommes exécutoient ses ordres. Ces deux scélérats, ayant trouvé les deux jeunes princes déja couchés, les étouffèrent dans leur lit; puis ils appellèrent leur maître, afin qu'il vît les deux corps, et s'assurât, par ses propres yeux, que les deux princes étoient morts. Après quoi ces deux corps furent ensevelis sous un escalier, et on les recouvrit de quelques pierres qu'on jeta dans la fosse. Lorsque *Tirrel* annonça à *Richard III* que ses ordres étoient exécutés, ce prince lui témoigna la plus vive reconnoissance, le blâmant seulement un peu de les avoir ensevelis dans un tel lieu, genre de sépulture qui lui paroissoit peu convenable à deux princes qui étoient fils de roi. Le chapelain de la tour ayant reçu de nouveaux ordres du roi à ce sujet, choisit une autre nuit pour enlever les deux corps, et les aller ensevelir dans un autre lieu qu'on n'a jamais pu découvrir, cet ecclésiastique étant mort peu de temps après. Telle étoit la substance des dépositions qui furent alors publiées. Quant aux lumières qu'on avoit pu tirer de l'interrogatoire et des dépositions, le roi avoit omis, avec le plus grand soin, tout détail de cette espèce dans ses déclarations publiques; ce qui nous porteroit à croire que les dépositions des deux criminels ne lui avoient pas paru suffisantes pour éclaircir parfaitement toute cette affaire. Quant à *Jacques Tirrel*, il fut décapité, quelque temps après, sur l'esplanade de la tour, pour d'autres crimes de haute trahison. Mais *John Dighton*, dont la déposition avoit mieux répondu aux vues du roi (1), recouvra aussi-tôt sa liberté, et fut le principal organe dont on se servit pour répandre et accréditer cette courte relation que nous venons de donner. Plus la preuve résultante de ces dépositions étoit incomplète, plus *Henri* crut devoir s'attacher à celles de la se-

___

(1) Si les dépositions de ces deux témoins étoient conformes dans tous les points, comment l'une pouvoit-elle répondre aux vues du roi, et l'autre, n'y pas répondre ?

conde espèce, je veux dire aux moyens de démasquer directement *Perkin*, en dévoilant toute sa vie, et découvrant toutes ses traces. Il envoya, en différens lieux, sur-tout en *Flandre*, des agens secrets et fort adroits, qui devoient se rendre auprès de *Perkin*, les uns en feignant de venir lui offrir leurs services, et de vouloir s'attacher à sa fortune; les autres, sous d'autres prétextes. Ils avoient ordre de s'informer, dans le plus grand détail, de tout ce qui le concernoit, afin de connoître, par exemple, ses parens, le temps et le lieu de sa naissance, son personnel, son genre de vie, ses voyages; en un mot, de se procurer tous les renseignemens nécessaires pour se mettre en état de faire un journal exact de sa vie et de ses actions. Il donna de grosses sommes d'argent à ses émissaires, pour les mettre en état d'attirer à son parti et de récompenser tous ceux qui étoient à portée de leur procurer quelques lumières sur ce sujet, leur enjoignant aussi de lui communiquer leurs découvertes, à mesure qu'ils en feroient, mais sans discontinuer leurs recherches; et comme une découverte en attire une seconde, une troisième, etc. qui exigent de nouveaux agens, il en ajoutoit d'autres lorsque ces découvertes les rendoient nécessaires. Il en envoya encore d'autres avec des instructions plus secrètes, auxquels il s'ouvrit davantage, et qui eurent ordre de s'appliquer eux-mêmes à traverser les desseins de Perkin, et à lui préparer les voies pour ruiner toute l'entreprise de cet aventurier, en mettant la division dans son parti. Ceux-ci devoient tâcher de s'insinuer dans la confidence des partisans que Perkin avoit en France, afin d'apprendre d'eux quels étoient leurs associés, leurs hommes de confiance et leurs correspondans, soit en Angleterre, soit au dehors; quelles étoient les personnes déja engagées dans leur conspiration, et jusqu'à quel point elles l'étoient; quels étoient encore ceux qu'ils se proposoient de pratiquer pour les gagner; enfin, n'épargner aucunes recherches pour lui procurer les informations les plus détaillées et les plus exactes, non-seulement sur les personnes, mais encore sur les actions, les démarches, les ressources et les intrigues de *Perkin* et des conjurés. Ces agens, auxquels le roi se fioit le plus, et qui avoient reçu les ordres les plus secrets, du moins quelques-uns d'entre eux, devoient travailler à détacher des intérêts de *Perkin*, et à gagner ses amis ou ses domestiques, en leur montrant combien le fondement de la fortune de cet aventurier étoit fragile et facile à ruiner; à quel roi ils avoient affaire, et quels risques ils couroient en s'attaquant à un prince dont la pénétration n'étoit pas moins à craindre que sa puissance; en un mot, ils devoient tâcher de les ramener au parti du roi, en leur promettant, de sa part, une abolition générale du passé, et des récompenses proportionnées à ce qu'ils feroient pour les mériter. Mais il leur recommanda sur-tout de n'épargner aucune offre ni aucune flatterie pour ébranler la résolution de *Robert Clifford*, et pour l'attirer au parti du roi, attendu que, si ce seigneur, qui connoissoit les secrets les plus importans du parti contraire, étoit une fois gagné, tous les partisans de *Perkin* seroient découragés, et n'oseroient plus se fier les uns aux autres.

On dit même (et ce fait paroîtra peut-être incroyable) que le roi se voyant trahi par ceux auxquels il s'étoit fié le plus, environné d'une infinité d'ennemis, et ne sachant plus à qui se fier, avoit pratiqué et gagné les confesseurs et les chapelains de plusieurs personnes de la première qualité, afin d'être instruit, par leur moyen, de toutes les démarches et des résolutions les plus secrètes de ses adversaires. On prétend même que, pour accréditer davantage dans le parti contraire ces agens et ces espions qu'il tenoit auprès de *Perkin* ou de ses partisans, il les faisoit excommunier, et (suivant la coutume de ce temps-là) déclarer ennemis de la couronne, par une proclamation formelle dans l'*église de Saint Paul*. Quoi qu'il en soit, ces agens ou ces espions, soit laïcs, soit ecclésiastiques, s'acquittèrent de leurs commissions avec tant de zèle et d'intelligence, que le roi fut informé dans le plus grand détail, de tout ce qui concernoit *Perkin*, et fut, pour ainsi dire, en état de *le disséquer tout vif;* il reçut aussi par cette voie des avis très certains et très détaillés sur ceux d'entre les conjurés qui étoient restés en Angleterre, et bien des secrets importans lui furent révélés ; mais le chef-d'œuvre de ces agens fut d'avoir attiré au parti du roi *Robert Clifford*, qui aida ensuite ce prince, avec autant de zèle que d'intelligence, à éventer toute la conspiration et à ruiner le parti de *Perkin*. En conséquence, le roi se voyant amplement récompensé de ses soins et de sa vigilance, et ayant appris par ses émissaires une infinité de choses qu'il lui importoit de savoir, fit répandre dans tout le royaume des relations suffisantes, pour dévoiler tous les prestiges de *Perkin*, et démontrer à toute la nation angloise que ce n'étoit qu'un aventurier et un imposteur, dont l'adresse avoit fait illusion pendant quelque temps ; relation à laquelle il joignit tous les détails qui avoient quelque rapport avec ce complot ; ce qu'il ne fit pas toutefois par la voie d'un édit ou d'une déclaration, parce que cette affaire n'étant pas encore suffisamment approfondie, il ne pouvoit alors hazarder aucune assertion positive, mais par le moyen de ses courtisans, auxquels il communiqua peu-à-peu tout ce qu'il avoit appris, n'ignorant pas que tous les récits de ce genre produisent plus d'effet que des relations imprimées. Il jugea aussi qu'il étoit temps d'envoyer une ambassade en *Flandre*, à l'*archiduc Philippe*, pour l'engager à abandonner la cause de *Perkin*, et à le bannir de ses états.

Cette ambassade étoit composée de *sir Edouard Poynings*, et de *sir William Warham*, docteur en droit canon. L'ar-

chiduc étant encore dans sa minorité, étoit gouverné par un *conseil de régence*. Les ambassadeurs y ayant été appellés, présentèrent leurs lettres de créance, et *Warham* porta la parole, en ces termes:

« Messieurs, le roi notre maître est étonné, et ne voit pas avec plaisir que, contre la foi des traités encore subsistans, et sans égard à ces étroites liaisons qui unissent depuis tant d'années la *Bourgogne et l'Angleterre,* cette contrée soit devenue comme un théâtre sur lequel un vil imposteur, que dis-je, une sorte de *bateleur,* a l'impudence de vouloir jouer le rôle de roi d'Angleterre, bravant avec audace non-seulement le roi notre maître, mais même tous les rois et tous les princes sans exception. Contrefaire l'effigie du prince, est un crime capital, au jugement et suivant les loix de toutes les nations; quel supplice sera donc réservé à celui qui, voulant contrefaire la personne même de notre souverain, et se mettre tout-à-fait en sa place, l'emportera ainsi par son audace sur les plus fameux imposteurs qui aient paru, ou qui doivent paroître dans le monde (si l'on en excepte *Mahomet et l'Antechrist*), dont le crime consistera proprement à vouloir *singer le vrai Messie* et usurper ses attributs ? Le roi notre maître a une si haute idée des membres du sage conseil qui daigne m'écouter, qu'il ne peut se persuader qu'une telle fable puisse faire illusion à aucun d'entre eux; et en supposant même que la passion de telle personne (qu'il est inutile de nommer) ait pu surprendre leur religion et leur en imposer quelque peu sur ce point, toujours est-il certain que le fait avancé par les complices de cet aventurier est par lui-même incroyable ; car indépendamment des dépositions des deux scélérats qui ont assassiné le vrai *duc d'Yorck*, et dont le roi a fait constater le crime par des preuves authentiques (genre de preuve sur lequel j'insisterai d'autant moins, que les deux coupables se trouvant alors au pouvoir de ce prince, on pourroit soupçonner qu'il auroit influé sur leurs témoignages) (1), la chose ne parle-t-elle pas d'elle-même ? et nous avons des preuves d'un autre genre, auxquelles il est impossible de se refuser, à moins de vouloir récuser la raison même. Vous paroît-il vraisemblable, *messieurs*, que *Richard III* ait voulu s'exposer aux vengeances du grand Être qui voit tout, et couvrir son nom d'une éternelle infamie, sans tirer aucun fruit de cet horrible attentat ? et pensez-vous que ces hommes de sang qui lui servirent de ministres dans cette affreuse entreprise, aient été capables de s'arrêter tout-à-coup au milieu du crime, pour céder à des sentimens de compassion ? Qui ne sait, au contraire, que les animaux les plus féroces, et ces hommes qui leur ressemblent, s'animent à la vue du sang, et si-

---

(1) Cette remarque renferme un conseil indirect et très judicieux. Aucun individu, roi ou sujet, ne doit jouer le rôle de *partie publique*, ni aucun autre semblable, dans une poursuite où il est lui-même *demandeur* ou *défendeur* : une poursuite faite à la requête d'un roi et où ce roi même est intéressé, est toujours suspecte *ipso facto*.

tôt qu'ils en ont goûté, n'en deviennent que plus furieux ? Ne sait-on pas d'ailleurs que les barbares ministres des tyrans, dès le moment où ils sont chargés de commettre de tels forfaits, ont, pour ainsi dire, *la corde au cou*, et qu'en n'exécutant qu'à demi de tels ordres, ils s'exposent à une mort certaine (1) ? Est-il probable que de tels scélérats aient voulu épargner la vie des autres aux dépens de la leur ? Cependant, supposons qu'ils aient en effet épargné le *duc d'Yorck*, dans cette supposition, qu'en auroient-ils fait ? L'auroient-ils exposé dans les rues de *Londres*, afin de le livrer à la garde, et d'être traduits eux-mêmes devant les tribunaux, pour y subir le plus rigoureux interrogatoire? ou bien supposerons-nous qu'ils l'ont gardé secrètement, et se sont chargés de lui ? Mais alors que de soins, que de dépenses, que

---

(1) Ils y sont même quelquefois exposés, en les exécutant tout-à-fait; ceux qui les leur ont donnés les faisant périr, pour effacer la trace du crime.

d'inquiétudes ! ils auroient vécu dans des transes continuelles ; mais, messieurs, je crois ne devoir pas insister davantage sur ce point ; à quoi bon entasser des argumens, pour prouver ce dont personne ne doute ? Le roi, graces à cette prudence qui le caractérise, et aux fidèles serviteurs qu'il avoit répandus au dehors, connoît parfaitement *Perkin* et tout ce qui le concerne ; il a découvert toutes ses traces depuis le berceau jusqu'au moment où je parle, et il est en état de donner le journal exact de toute la vie de cet aventurier. Ce *Perkin*, pensez-vous, est un grand prince ; eh bien ! si les *Flamands* sont curieux de voir cet illustre personnage en action sur la scène, pour peu que vous ayez parmi vous quelque poëte distingué par ses talens, le roi se charge de lui fournir des mémoires très détaillés pour composer une pièce sur ce sujet; pièce où il pourra, s'il lui plaît, le faire figurer avec *Lambert Simnel*, qui aujourd'hui a l'honneur d'être un des *fauconniers* du roi notre maître. Ainsi n'est-il pas étrange que la *duchesse de Bourgogne* (s'il m'est permis de la nommer et de ne rien dissimuler), que cette princesse, dis-je, déja parvenue à un âge assez avancé, et distinguée par tant de qualités personnelles, ait pu se résoudre à sacrifier tant de soins, d'argent et de temps, pour se procurer le plaisir frivole de produire sur la scène deux aventuriers de cette espèce (1)? C'est à regret, messieurs, que je hazarde une telle observation, nécessitée par les circonstances et par nos instructions. Plût à Dieu que la

---

(1) *J'ai été obligé de quitter un instant mon rôle de* traducteur, *pour redevenir* auteur; *car voici le langage de notre* chancelier. *N'est-il pas étrange que la duchesse qui est déja vieille, et parvenue à l'âge où les autres femmes ne font plus d'enfans, ait pu accoucher de deux monstres de cette espèce; non au terme ordinaire de neuf à dix mois, mais après une grossesse de plusieurs années; et quoique les enfans des autres mères naturelles, lorsqu'ils viennent au monde, soient extrêmement foibles et puissent à peine se tenir sur leurs jambes, n'est-il pas étonnant que la duchesse ait pu accoucher d'enfans déja grands et*

duchesse douairière prît le parti de jouir en paix des faveurs que la Toute-puissance a daigné répandre sur elle d'une main si libérale! puisse-t-elle, dis-je, voir avec joie et avec une sorte de complaisance, sa propre nièce assise sur le trône de l'Angleterre, et environnée d'enfans précieux que la duchesse pourroit regarder comme les siens, si telle étoit sa volonté! Quoi qu'il en soit, nous n'avons qu'une seule demande à vous faire au nom du roi notre maître, c'est de vouloir bien, à l'exemple du roi de France, bannir de vos états cet aventurier: et no-

---

dans l'âge de l'adolescence, qui, aussi-tôt après leur naissance, sont en état d'en venir aux mains avec les rois? Cet ouvrage que je traduis est tout tissu de comparaisons dans le même goût. Cependant M. *Deluc*, membre de soixante et dix-sept académies, et qui a bien mérité de la république des lettres par un commentaire fort sec sur l'humidité, prétend que je dois traduire *Bacon* mot à mot : pour moi qui n'ai ni l'honneur ni le besoin d'être *académicien*, j'aime mieux passer pour un traducteur infidèle, que traduire littéralement une sottise.

tre souverain se croyant en droit d'attendre beaucoup plus d'un ancien allié que d'un ennemi réconcilié depuis peu, il souhaite que cet imposteur lui soit livré; car de tels brigands, qui peuvent être regardés comme les ennemis déclarés du genre humain tout entier, ne doivent point être à l'abri sous la sauve-garde du *droit des gens*, ni jouir de l'impunité *sous le pavillon* d'aucun prince. »

Le conseil de l'archiduc, après avoir pris quelque temps pour délibérer sur cette demande, fit aux ambassadeurs d'Angleterre cette courte réponse.

« Messieurs, l'archiduc, en considération de l'ancienne et étroite alliance qui l'unit au roi d'Angleterre, promet de n'accorder aucun secours au *soi-disant duc d'Yorck*, et de ne le favoriser en aucune manière. A l'égard de la duchesse douairière, comme elle est revêtue de l'autorité souveraine, dans les états qui composent son douaire, l'archiduc ne se croyant pas en droit de disposer de ce qui appartient à cette princesse, il ne peut se prêter à la demande du roi votre maître. »

Le roi, au retour de ses ambassadeurs, ne fut rien moins que satisfait de cette réponse qu'ils lui rapportèrent. Il savoit assez qu'une douairière ne pouvoit exercer l'autorité souveraine, beaucoup moins encore disposer des forces militaires dans les états qu'elle ne possédoit qu'à titre de *douaire*. De plus, ses ambassadeurs ne lui dissimulèrent point que la duchesse avoit la plus puissante influence dans le conseil de l'archiduc, et que ce prince, ou plutôt son conseil, qui en apparence se contentoit d'être de connivence avec *Perkin*, le favorisoit réellement sous main, et le soutenoit très efficacement. En conséquence, voulant témoigner à l'archiduc son mécontentement, et déterminé d'ailleurs par un motif qu'on verra plus bas, il ordonna à tous les sujets du *duché de Bourgogne* de sortir de ses états. Leurs marchandises même furent prohibées dans le royaume, et tous ses sujets, sur-tout les facteurs de cette société de négocians, connus alors sous le nom d'*adventurers*, et qui résidoient à *Anvers*, eurent ordre de repasser en Angleterre. Il fit aussi transférer à *Calais* la foire où se vendoient les draps anglois, interdisant à ses sujets toute espèce de commerce avec les Flamands. Le roi crut devoir prendre ces mesures rigoureuses, pour soutenir sa réputation, qui eût été compromise, s'il eût souffert patiemment que l'aventurier qui osoit prétendre à la couronne d'Angleterre, le bravât de si près; et s'il eût conservé des liaisons avec une nation qui affectoit de soutenir un tel prétendant, et même le combloit d'honneurs; mais en même temps ce prince, éclairé par cette prudence qui le caractérisoit, pensoit avec raison que les Flamands ne renonceroient pas volontiers au commerce lucratif qu'ils faisoient depuis tant d'années avec l'Angleterre, et que, lorsqu'ils se verroient exclus de ce trafic par son édit de prohibition, ils seroient bientôt las de *Perkin*. Il considéroit de plus que leur souverain intimidé par les dernières révoltes qui avoient mis *Maximilien* dans un si grand danger, ne voudroit pas s'exposer à soulever de nouveau un peuple si susceptible et si mutin. L'archiduc, pour user en quelque manière de représailles, ordonna aussi à tous les Anglois de sortir de ses états ; édit assez inutile, attendu que ce qu'il vouloit faire par cette proclamation, étoit déja fait.

Le roi, désormais bien informé que *Perkin* comptoit beaucoup plus sur les complices qu'il avoit en Angleterre, que sur les secours qu'il pourroit tirer du continent, crut devoir *appliquer le remède où étoit le mal*, et sévir contre quelques-uns des principaux conjurés d'Angleterre, pour purger de ces mauvaises humeurs tout son royaume, et jeter dans le découragement les partisans qu'ils avoient en *Flandre*. En conséquence, il fit arrêter, presque en même temps, *Jean Ratcliff*, seigneur de *Fitz-Water*, sir *Simon de Montford*, sir *Thomas Thwaites*, ainsi que *Guillaume d'Aubeney*,

Robert Ratcliff, *Thomas Cressen* et *Thomas Astwood*, qui furent tous accusés, convaincus et condamnés comme coupables du crime de *haute trahison*, pour avoir été d'intelligence avec *Perkin*, l'avoir favorisé sous main, et lui avoir promis de le soutenir. *Fitz-Water* ayant été transféré à *Calais*, y fut retenu dans une étroite prison; et quelque temps après, soit qu'il fût déja ennuyé de cette détention, soit qu'on l'eût tenté pour le perdre, ayant voulu gagner le geolier pour faciliter son évasion, il fut aussi-tôt décapité. A l'égard de *Simon de Montford*, de *Ratcliff* et de *d'Aubeney*, ils furent exécutés immédiatement après la sentence. Tous les autres, soit laïcs, soit ecclésiastiques, obtinrent leur grace. De ce nombre étoient deux *jacobins* (1), et *Guillaume Worsley*, doyen de *Saint-Paul* : ces ecclésiastiques ne subirent qu'un interrogatoire secret, le roi n'ayant pas voulu qu'ils fussent traduits publiquement en jugement.

---

(1) Blancs.

Le grand chambellan étoit encore intact, et n'avoit été impliqué dans aucune de ces accusations ; soit que le roi craignît de mettre en mouvement toutes les humeurs à la fois, et qu'il voulût, à l'exemple des médecins prudens, ne purger la tête qu'à la fin du traitement; soit que *Clifford*, dont les lettres avoient donné à son maître beaucoup de lumières, relativement aux autres conjurés, eût réservé pour le moment de son arrivée en Angleterre, ce qu'il savoit au sujet du chambellan, comme le plus important service qu'il pût rendre au roi; s'étant contenté d'écrire à ce prince qu'il soupçonnoit que quelques-uns des plus grands seineurs trempoient dans cette conspiration, et qu'il entreroit dans de plus grands détails sur ce sujet, lorsqu'il se seroit rendu auprès de sa personne.

La dixième année du règne de *Henri*, et la veille de la *Toussaint*, son second fils fut créé *duc d'Yorck*, et en même temps le nouveau duc, ainsi qu'un assez grand nombre de seigneurs, de chevaliers et de personnes de la première distinction, furent aggrégés à l'ordre du *Bain*. Le lendemain *des Rois*, ce prince quitta le palais de *Westminster*, où il avoit passé les fêtes de *Noël*, et alla loger dans *la tour de Londres*. Ce n'étoit pas sans quelque dessein qu'il choisissoit ce logement; il venoit d'apprendre l'arrivée de *Robert Clifford*, qui étoit dépositaire des plus grands secrets de *Perkin*. Il se logea donc à *la tour*, afin que, si ce seigneur venoit à accuser quelques-uns des grands, on pût les arrêter sur-le-champ, sans rumeur et sans inquiéter les habitans de *Londres;* le palais et la prison de la tour se trouvant renfermés dans la même enceinte de murs. Le lendemain, ou le surlendemain, ayant secrètement assemblé un conseil composé d'hommes choisis et d'une fidélité éprouvée, il permit à *Clifford* de s'y présenter. Ce seigneur commença par se jeter à ses pieds, et par implorer sa clémence avec beaucoup de soumission; le roi eut d'autant moins de peine à lui accorder ce pardon, qu'il l'avoit déja fait secrètement prévenir qu'il ne devoit pas craindre pour sa vie. Alors le roi lui ayant ordonné de dire tout ce qu'il savoit; entre autres personnes qu'il accusa, il nomma, de son propre mouvement, et sans être interrogé, *Guillaume Stanley*, grand chambellan.

Le roi, en entendant nommer parmi les accusés ce seigneur dont il avoit une si haute idée, témoigna la plus grande surprise, et l'étonnement le rendit immobile. Comment me persuaderai-je, s'écrioit ce prince, qu'un homme qui m'a rendu de si grands services, qui m'a sauvé la vie, qui m'a mis, de sa propre main, la couronne sur la tête, qui jouit d'une fortune si éclatante, que j'ai comblé d'honneurs, dont le frère a épousé ma propre mère; enfin, qu'un homme à la foi duquel j'ai confié ma personne, en le créant mon *grand chambellan*, et qui jouit de toute ma faveur, ait pu sans aucun sujet de mécontentement ou de crainte, abandonner mes intérêts et me trahir! Le roi, frappé de toutes ces considérations, commanda à *Clifford* de répéter plusieurs fois tous les chefs d'accusation qu'il venoit d'articuler contre *Stanley*, en l'avertissant de bien prendre garde à ce qu'il diroit, et à ne rien hazarder contre un sujet si distingué, sans s'être bien assuré de pouvoir prouver tout ce qu'il auroit avancé. Mais le roi voyant que *Clifford* persistoit dans sa déposition, et que ce qu'il avançoit, il le disoit d'un ton calme, sans hésiter, et en y joignant les protestations convenables, offrant de soutenir, au péril de sa vie, toutes ses assertions; alors ce prince fit arrêter *Stanley* en plein conseil (car il étoit présent); et après avoir long-temps déploré sa destinée, en présence de ses conseillers, il donna d'autres ordres, en vertu desquels ce seigneur eut pour prison son propre appartement qui étoit dans la *tour quarrée*. Le lendemain il fut examiné par le conseil; il ne nia presque aucun des faits qui le chargeoient : à peine même essaya-t-il d'excuser ou de pallier son crime, soit qu'il crût qu'un aveu complet rendroit sa grace plus facile à obtenir, soit qu'il se flattât que ses anciens services et son alliance avec son maître, le mettroient à l'abri de sa sévérité ; mais, par ces imprudens aveux, il ne faisoit que se livrer lui-même, et ils le perdirent ; car si ces motifs pouvoient porter le roi à n'écouter que sa clémence, d'autres motifs, beaucoup plus puissans sur le cœur et l'esprit de ce prince, assuroient la perte de ce seigneur. 1°. La grandeur même de ses services ; car si les rois aiment à se souvenir des services qu'ils peuvent récompenser, ils ne se rappellent pas volontiers ceux qui sont au-dessus de toute récompense. 2°. Son crédit et son influence qui le rendoient redoutable ; le roi n'ignorant pas que le même homme qui avoit pu l'élever au trône, pourroit également l'en précipiter, et que, s'il en avoit le *pouvoir,* il pourroit bien aussi en avoir la *volonté.* 3°. L'expectative d'une immense confiscation et de ses dépouilles; car *Stanley* étoit le plus opulent de tous les sujets du roi, comme on n'en put douter quelque temps après, en trouvant dans son château de *Holt* quarante mille marcs d'argent, soit en vaisselle, soit en espèces monnoyées, sans compter les bijoux, les riches ameublemens, une quantité prodigieuse de gros et de menu bétail; en un mot, un immense mobilier. Quant à ses revenus, le produit de ses terres, joint à ses pensions, montoit à 3000 liv. (sterlings) de rente; revenu prodigieux pour ce temps-là. 4°. Enfin, la nature même des circonstances et de la situation où le roi se trouvoit. On peut présumer que si ce prince n'eût pas eu à craindre pour sa couronne même, il auroit fait du moins grace de la vie à *Stanley*; mais, se voyant menacé d'une révolte où se trouvoient engagés les plus grands seigneurs du royaume, il ne considéra que sa propre sûreté. En conséquence, après un délai de six semaines qu'il accorda par pure convenance, soit pour paroître avoir donné au frère de ce seigneur le temps de demander sa grace, et à cette demande, le temps de faire son effet, soit pour persuader à toute la nation qu'il n'avoit pu, sans se faire une sorte de violence, se résoudre à sévir contre son chambellan, *Stanley* fut condamné à mort, et décapité sur-le-champ.

Cependant aujourd'hui même les historiens ne sont pas d'accord, tant sur la nature du crime qui fit condamner à mort un seigneur de cette distinction, que sur le motif qui le porta à abandonner le parti du roi, et sur le sujet de son mécontentement : l'opinion commune est que, dans un entretien avec *Clifford,* il lui dit que, *s'il étoit bien assuré que ce jeune homme, qui étoit alors à la cour de la duchesse de Bourgogne, fût réellement fils d'Édouard IV, il ne voudroit pas porter les armes contre lui.* Une sentence de mort (1) rendue

---

(1) Le lecteur voit dans ces réflexions toute la bassesse d'ame de l'auteur que je traduis. 1°. On condamne à mort le plus grand seigneur du royaume pour un simple *propos*. 2°. Ce propos a été

contre un tel personnage, pour un simple propos, paroît, à la première vue, d'autant plus sévère, que dans ces paroles se trouvent la particule conditionnelle *si*, et d'autres mots qui, réunis, semblent atténuer beaucoup le délit. Mais, quant à cette *particule conditionnelle*, les juges qui votèrent dans ce procès, qui étoient de très profonds jurisconsultes, et dont les trois principaux étoient membres du conseil privé, jugèrent que, dans les causes où il est question de décider si des paroles qui ont été proférées, méritent ou ne méritent pas la qualification de trahison, ce seroit s'exposer à de trop grands inconvéniens que d'admettre

---

lâché dans un tête-à-tête, et n'est point du tout séditieux. 3°. L'homme qui a tenu ce propos, a sauvé la vie et donné la couronne à *Henri VII*. 4°. La preuve du fait se réduit au *témoignage d'un seul homme*; ce témoin est *l'accusateur même*, et *un traître démontré*. Mais *Stanley* étoit fort riche; *Henri VII* étoit cupide; *Jacques I.* étoit grand admirateur de *Henri VII*, et *Bacon* étoit le vil flatteur de *Jacques I*.

cette distinction entre les propositions conditionnelles et les propositions affirmatives; attendu que, si on les admettoit, les traîtres les plus caractérisés pourroient, sans exposer leur vie, manifester leurs perfides dispositions, et les communiquer à d'autres. Le cas de Stanley a beaucoup d'analogie avec un autre qui s'est présenté dans les temps ultérieurs; je veux parler de celui d'*Elizabeth Burton*, surnommée *la sainte vierge de* KENT : elle avoit dit que, *si le roi* HENRI VIII, *qui avoit répudié* CATHERINE, *ne reprenoit son épouse, il seroit détrôné et mourroit comme un chien* (1). Il peut se présenter une infinité de cas de cette espèce; possibilité qui, mûrement considérée par ces juges dont

---

(1) L'*exemple* ne vaut pas mieux que la *règle;* au lieu de *mettre à mort cette vierge sainte*, il auroit peut-être suffi *de lui donner un mari;* car il ne seroit pas impossible que cette même *virginité* qui en avoit fait une *sainte*, en eût fait une *folle;* parce qu'une continence excessive peut attaquer la raison, sur-tout celle des femmes.

nous parlons, les détermina à décider que la particule conditionnelle *si*, jointe à des paroles justement suspectes de *trahison*, ne suffisent pas pour affoiblir une accusation de ce genre, et faire absoudre l'accusé. Quant à ces paroles plus positives, *que Stanley ne porteroit pas les armes contre le fils du roi Edouard IV*, quoiqu'elles eussent une apparence de modération, cependant elles renfermoient, en termes clairs et formels, une opposition directe aux titres de *Henri* à la couronne, soit à celui qu'il tenoit de sa qualité de descendant de la maison de *Lancastre*, soit à celui qu'il devoit à un acte du parlement. Ce trait blessa plus profondément *Henri VII*, que si *Stanley* lui eût porté un coup de lance sur le champ de bataille. Car, lorsque le grand chambellan, qui jouissoit d'une si grande faveur auprès de *Henri*, qui lui avoit mis, de sa propre main, la couronne sur la tête, et qui avoit tant d'influence dans le royaume, disoit que le titre d'un fils du roi *Edouard*, quel qu'il pût être, lui paroissoit préférable à celui du roi actuel, il apprenoit à toute l'Angleterre et l'excitoit même à en dire autant. Ainsi, pour peu que l'on considère la situation difficile où se trouvoit le roi, on ne sera plus étonné que ces paroles l'aient pénétré jusqu'au vif, et qu'il n'ait pu les pardonner. Mais quelques historiens qui prétendent que *Stanley* s'étoit expressément engagé à soutenir *Perkin*, et lui avoit même envoyé une grosse somme d'argent, décident la question, et dèslors il auroit mérité la mort (1).

---

(1) Tous ces raisonnemens seroient excellens, s'il s'agissoit d'un prince qui régnât après une longue suite d'aïeux, et dont le titre ne fût pas litigieux. Mais c'étoit précisément parce que celui de *Henri VII* étoit fort douteux, qu'il ne pouvoit souffrir ce doute qui l'auroit détrôné, s'il eût été communiqué à toute la nation angloise. L'honneur de *Henri* sembloit lui faire une loi d'accorder du moins la vie à l'homme auquel il devoit la sienne et même la couronne. Mais son intérêt exigeoit qu'il le fît mourir ; car, s'il eût fait grace à *Stanley*, jamais ce seigneur ne lui auroit pardonné ce pardon, qui est toujours un crime aux yeux d'un homme fier.

Quant aux motifs de sa révolte, voici ce qu'on peut conjecturer sur ce sujet. A la bataille de *Bosworth*, le roi se trouvant engagé au milieu des ennemis, et dans un danger très pressant, *Stanley* avoit été envoyé par son frère avec trois mille hommes, pour dégager ce prince, et avoit exécuté cet ordre avec tant de courage et de bonheur, que *Richard III* avoit été tué dans cette action; en sorte qu'aucun bienfait ne peut être égalé au double service que *Stanley* avoit rendu à son maître dans cette occasion ; bienfait comparable, en quelque manière, à celui du *Christ qui sauve et couronne tout à la fois ;* aussi le roi s'étoit montré très reconnoissant, et l'avoit comblé de graces, l'ayant créé son *conseiller privé* et son *grand chambellan*. De plus, ce prince, en faisant violence à son naturel, avoit fermé les yeux sur l'avidité de ce seigneur, qui s'étoit approprié presque tout le butin fait à cette bataille de *Bosworth*. Mais *Stanley*, enflé de ces deux grands services qu'il avoit rendus à son maître, s'étoit imaginé que ce prince n'avoit pas assez fait pour lui, ou du moins ne l'avoit pas récompensé avec cette prodigalité et cette profusion sur laquelle il avoit compté; son ambition démesurée l'aveugla même à tel point, qu'il osa bien un jour témoigner au roi le desir d'être créé *comte de Glocester*, titre qui faisoit partie de l'apanage des *princes de Galles*, et qui, suivant une ancienne coutume, étoit dévolu au fils aîné du roi. Lorsqu'il demanda cette grace, non-seulement il essuya un refus, mais même il perdit l'affection du roi; ce prince voyant assez clairement que *Stanley* se livroit à des desirs immodérés, qu'il avoit des prétentions aussi vastes qu'extravagantes, et qu'il n'attachoit pas assez de prix aux premières faveurs que son maître avoit répandues sur lui. Dès-lors le roi commença à se refroidir pour ce seigneur; et comme le plus léger tort suffit quelquefois pour ternir l'éclat des services les plus signalés, ce prince à qui ceux de *Stanley* pesoient un peu, et que sa sagacité naturelle, provoquée et mise en exercice par cette demande indiscrète, ne mettoit que trop en état de trouver des raisons, bonnes ou mauvaises, pour les rabaisser, tâchoit et vint à bout de se faire accroire qu'à la vérité *Stanley*, à la bataille de *Bosworth*, étoit accouru assez tôt pour lui sauver la vie, mais assez tard pour que la vie de son maître eût été en danger. Cependant, n'ayant alors contre lui aucun grief positif qui pût servir de base à une accusation, il ne lui ôta aucune des charges ou des dignités dont il étoit revêtu, jusqu'à cette catastrophe dont nous venons de parler.

La charge de *grand chambellan* fut donnée à *Ægidius d'Aubeney*, homme aussi prudent que courageux, et dont on aimoit d'autant plus à reconnoître les talens et les vertus, qu'il savoit en adoucir l'éclat, et se les faire pardonner par sa modestie, sa douceur et son affabilité.

Le bruit courut alors que *Robert Clifford*, qui étoit désormais devenu une sorte de délateur aux gages du roi, avoit été dès le commencement son émissaire et son espion, et qu'il étoit d'intelligence avec le roi, à l'époque même où il avoit paru se réfugier en *Flandre*; mais ces bruits étoient dénués de fondement : car, en premier lieu, *Clifford* ne recouvra jamais entièrement le degré de faveur dont il avoit joui près du roi avant son départ. En second lieu, on doit sur-tout considérer que, lorsqu'il dénonça *Stanley*, son accusation n'eut point pour base des choses qu'il eût apprises en *Flandre*, mais seulement celles dont il avoit connoissance avant son départ d'Angleterre. Le supplice de *Stanley* et des autres seigneurs qui avoient été ses complices, mais principalement celui du *grand chambellan*, qui étoit comme le chef, l'ame de ce parti, ainsi que la désertion de *Clifford* à qui les rebelles avoient confié leurs plus importans secrets, déconcerta les desseins de *Perkin* et de ses partisans : ces deux événemens leur imprimèrent une profonde terreur, en semant parmi eux des soupçons et des défiances ; dès-lors le parti rebelle ne forma plus qu'un tout incohérent. Ceux d'entre ces conjurés qui étoient Anglois, etonnés de ce coup, commencèrent à se défier les uns des autres, ne pouvant plus démêler ceux qui étoient restés fidèles au parti, d'avec ceux qui l'avoient abandonné. Ils ne doutèrent plus qu'à la longue le roi, soit par le pardon absolu et les récompenses qu'il offriroit, soit par cette adresse avec laquelle il savoit faire tomber ses ennemis dans leur propre piège, ne vînt à bout d'attirer à ses intérêts tous ceux d'entre les rebelles qui jouissoient de quelque considération dans le parti, et que la plupart d'entre eux n'abandonnassent *Perkin* les uns après les autres, craintes qui n'étoient que trop fondées; car *Barley*, qui avoit été envoyé en *Flandre* avec *Clifford* par les conjurés d'Angleterre, fut à la vérité celui qui demeura le plus constamment attaché au parti rebelle, et jusqu'à l'époque où *Perkin* se trouva ruiné sans ressources. Cependant à la fin il implora aussi la clémence du roi, et obtint sa grace. Mais la chûte d'un seigneur aussi distingué que *Stanley*, et qui avoit paru jouir d'une si haute faveur auprès du roi ; l'adresse avec laquelle ce prince avoit conduit toute cette affaire, et qui faisoit juger que *Stanley*, long-temps avant d'être traduit publiquement en justice, avoit été continuellement environné d'espions qui rendoient compte de tous ses discours et de toutes ses démarches ; enfin, la nature même de ce délit qui l'avoit fait condamner à mort, et qui après tout se réduisoit à avoir dit, *que le titre de la maison d'Yorck lui paroissoit préférable à celui de la maison de Lancastre ;* genre d'accusation qui enveloppoit presque tous les Anglois, du moins quant à leurs secrets sentimens : toutes ces considérations répandirent la plus grande terreur parmi les sujets de *Henri*, et même dans sa propre maison ; personne ne se croyoit plus en sûreté ; une défiance générale s'empara des esprits, l'ami n'osa plus s'ouvrir à son ami; tout devint suspect; terreur qui rendit le pouvoir du roi plus absolu, mais moins assuré. Car, lorsque le sang qui coule d'une plaie reflue à l'intérieur, ou lorsque les vapeurs demeurent renfermées au dedans, l'obstruction et la suffocation sont plus à craindre (1).

Ce mécontentement universel enfanta une infinité de *libelles* et de *pamphlets* remplis de plaintes, de réflexions injurieuses, et d'invectives contre le roi et ses plus intimes conseillers; genres d'é-

(1) La *médisance est une éruption critique* et nécessaire à la malignité humaine : si vous empêchez cette évacuation si salutaire, vous faites *rentrer la maladie;* et, comme le disent les médecins, *vous renfermez le loup dans la bergerie. Laissez-les dire, afin qu'ils vous laissent faire;* car, si vous imposez aux mécontens ou aux envieux un silence absolu, ce que leur langue n'aura pu dire, leur main le fera : comme l'observoit un poëte didactique de ces derniers temps. *Un peu de médisance est un mal nécessaire à l'homme, ce bavard et méchant animal; il a besoin de faire ou de dire du mal : s'il ne peut vous en dire, il voudra vous en faire.*

crits qu'on peut regarder comme une sorte d'*éruption*, occasionnée par cette tyrannie même qui empêche les sujets d'exhaler leur mauvaise humeur par de simples *discours*. Après une longue et rigoureuse recherche des auteurs et des distributeurs de ces libelles, on se contenta, pour l'exemple, d'arrêter cinq personnes du commun, qui, ayant été convaincues de cette sorte de délit, furent condamnées à mort et exécutées.

Quoique le roi fût assez occupé en Angleterre, il ne perdoit pas totalement de vue les affaires et la situation de l'*Irlande*, qui étoit comme le champ où ces princes de nouvelle date (semblables à ces *champignons* qui poussent en une seule nuit) paroissoient pulluler et prospérer plus que dans tout autre sol. En conséquence, pour réprimer ou abattre les rebelles de cette île, et y rétablir son autorité, il y envoya le *prieur de Lanthony*, qu'il créa son chancelier dans ce royaume, et *Édouard Poynings*, avec de bonnes troupes qu'il devoit commander en chef : il lui donna aussi, dans l'administration civile, une autorité égale à celle d'un *lord-lieutenant*, le *comte de Kildare*, qui étoit alors *député d'Irlande*, ayant ordre de lui obéir en tout. Mais ces Irlandois, encore *demi-sauvages*, dont le parti rebelle étoit presque entièrement composé, s'étant réfugiés, suivant leur coutume, dans leurs bois ou leurs marais, et les rebelles de la partie plus civilisée de l'*Irlande* étant allés les y joindre, *Poynings* se vit obligé de *les lancer comme des bêtes fauves;* genre de chasse qui lui réussit peu dans un pays montueux et couvert de bois. Après cette inutile et malheureuse expédition, soit que le chagrin qu'elle lui causa l'eût rendu soupçonneux, soit qu'il tâchât de réparer, aux dépens d'un autre, la brèche qu'elle venoit de faire à sa propre réputation, il voulut imputer ce mauvais succès au *comte de Kildare*, l'accusant d'avoir, sous main, donné du secours aux rebelles. Ce soupçon n'avoit d'autre fondement que la conduite d'un autre *comte de Kildare*, avec lequel il le confondoit, qui, ayant été un des adhérens de *Lambert Simnel*, avoit été tué à la bataille de *Stoke*. Sur un si léger soupçon, il le fit arrêter, et l'envoya, sous sûre garde, en *Angleterre*, où ce seigneur se justifia si complètement, que sa commission de *député d'Irlande* lui fut rendue. Mais *Poynings*, pour effacer la honte de son expédition par l'utilité de ses institutions civiles et politiques, convoqua le parlement d'*Irlande*, et y fit passer ce statut mémorable qui porte encore son nom, et en vertu duquel tous les actes passés, jusqu'à cette époque, dans le parlement d'Angleterre, devoient avoir force de loi en Irlande; car jusqu'alors les Irlandois n'y avoient pas été soumis, et même aucune loi établie en Angleterre depuis cette même époque, c'est-à-dire depuis la dixième année du règne de *Henri VII*, n'est obligatoire en Irlande.

Ce fut vers ce même temps que la cupidité naturelle du roi, qui fut, dans la suite, provoquée et fomentée par de mauvais conseils et par des ministres pervers, commença à se manifester et à imprimer à son administration une tache ineffaçable. C'étoit un certain art de pressurer, pour ainsi dire, ses sujets, et de les mettre à contribution, sous prétexte des amendes décernées par les loix pénales qu'il multiplioit dans cette vue; conduite qui étonna et choqua d'autant plus la nation, qu'on ne pouvoit attribuer ces vexations qu'à la cupidité naturelle du roi, et non à l'épuisement de ses finances, attendu qu'à cette époque son trésor étoit plein : car il avoit tiré de l'argent du roi de France, à qui il avoit vendu la paix; il en avoit tiré aussi de ses sujets, par cette contribution déguisée sous le nom de *bénévolence* (ou de *don gratuit*); sans compter un énorme casuel, entre autres la confiscation des biens de *Stanley*, et beaucoup d'autres sommes qu'il s'étoit procurées par différens moyens. Mais la plus criante de toutes ces exactions, ce fut celle qu'il se permit contre *sir Guillaume Capel*, alderman de la ville de Londres; magistrat qui, en vertu de différentes loix pénales, fut condamné à payer la somme de 2700 livres (sterlings), et qui fut trop heureux de composer avec le roi pour 1600 livres. Long-temps après, *Empson* voulut encore extorquer de ce même magistrat d'autres sommes, et y auroit réussi, si le roi n'étoit venu à mourir.

L'été suivant, le roi, voulant consoler sa mère, pour laquelle sa tendresse et son respect ne se démentirent jamais; jaloux aussi de persuader à toute la nation que cette sévérité excessive qu'un danger imminent et la nécessité l'avoient obligé d'exercer contre *Stanley*, n'avoit donné aucune atteinte à son amitié pour le frère de ce seigneur, il partit pour *Latham*, où il fit quelque séjour, vivant avec sa mère et *Thomas Stanley*, époux de cette princesse, sur un ton d'aisance et d'enjouement qui dut leur ôter toute inquiétude.

Fin du treizième volume.

www.ingramcontent.com/pod-product-compliance
Lightning Source LLC
Chambersburg PA
CBHW050750170426
43202CB00013B/2375